Das Buch

„Durstig“ scheint wie andere Vampirbücher. Es erzählt Geschichten über Vampire im Hollywood-Stil, wie wir sie alle kennen. Blutgierige Untote mit Fangzähnen auf der Jagd nach schönen, jungen Frauen eben. Und doch ist es auch anders. Denn es erzählt zudem Geschichten aus mehr als 4000 Jahren Vampirismus, Geschichten aus allen Teilen der Welt, aus alten Überlieferungen und Volksmythen. Über Vampire, die nichts gemein haben mit den Untoten aus den klassischen Geschichten – außer dem Durst nach Blut.

Der Autor

Woher Balthasar Graf Brucegi stammt, ist nicht geklärt. Sein Nachname weist auf alten rumänischen Adel hin, doch diese Anmerkung lässt er stets unkommentiert. Auch über sein Alter gibt es keine belastbaren Belege. Danach gefragt, antwortet er meist, dass seine Erlebnisse für viele Leben reichen würden. Heute lebt Graf Brucegi in Deutschland. Und er scheut weder Tageslicht noch Knoblauch, welches sogar eines seiner bevorzugten Gewürze ist. Über die üblichen Vampirmythen lächelt er, findet eher Argumente, sie zu widerlegen, als sie zu bestätigen. Doch er wird nicht müde, zu bekennen, dass er an die mehr als 4000 Jahre alte Kulturgeschichte der Vampire glaubt, die ihn selbst seit seiner Jugend fesselt.

Durstig

Vampirgeschichten
von
Balthasar Graf Brucegi

Bibliografische Information der Deutschen Nationalbibliothek: Die Deutsche Nationalbibliothek verzeichnet diese Publikation in der Deutschen Nationalbibliografie; detaillierte bibliografische Daten sind im Internet über dnb.dnb.de abrufbar.

Herstellung: BoD - Books on Demand, Norderstedt
Verlag: Balthasar-Verlag, Gifhorn, www.ug-balthasar.de
ISBN: 978-3-937134-11-6
Cover-/ Innenillustrationen: Michael Arnold, Wolfsburg
Satz und Layout: Maren Kiesbye, Gifhorn
Dank an Maren Kiesbye, Claudia Jelbke-Folkers und Michael Arnold für eure Hilfe.

Wenn Einsamkeit und Ewigkeit
und die Dunkelheit der Nacht sich vermählen
wird sich ein neuer Vampir erheben
um seinen Durst zu stillen
nach Blut und einer Gefährtin

Inhalt:

Die eiserne Jungfrau

Mit großen Augen stand Valerie vor der alten Burg. Sie hatte sich schon lange vorgenommen, das alte Gemäuer einmal zu besuchen. Sie interessierte sich für Burgen, seit sie als kleines Mädchen davon geträumt hatte, später einmal eine Prinzessin zu werden.

Nun, eine Prinzessin war sie zwar nicht geworden, aber sie liebte es trotzdem, durch Schlösser und Burgen zu wandern und von vergangenen Jahrhunderten zu träumen. Und ihre Träume spiegelten sich unter anderem in ihrer Kleidung wider. Zumindest bei bestimmten Anlässen wie diesem. Sie trug ein pastellfarbenes, verspieltes Kleid, üppig ausgestattet mit Rüschen.

Die Burg musste sehr alt sein, und die Zeit war nicht spurlos an ihr vorbeigegangen. Einer der Türme im Westteil war bereits in sich zusammengefallen, überall in den Außenmauern hatten sich Steine gelöst. Moos bedeckte die Mauern, in vielen Fenstern fehlten die Scheiben.

Valerie betrat die Zugbrücke und ging durch das rostige Eingangstor. Mitten im Hof stand eine alte Eiche, die hoch in den Himmel ragte. Der Baum mochte fast so alt sein wie die Burg, dachte Valerie. Seine knorrigen Äste waren so dick wie ein Mann, und einige neigten sich dem Boden zu, so schwer waren sie.

In einem der Äste saß ein schwarz glänzender Rabe, der die junge Frau mit blitzenden Augen ansah. Der jeden ihrer Schritte, jede Bewegung, jeden Blick mit diesen Augen folgte, die sich in ihr Leben bohrten.
Die Fassaden der Gebäude sahen besser aus als die Außenmauern. Offenbar waren sie nicht nur im Laufe der Jahrhunderte mehrfach instand gesetzt worden, sondern das letzte Mal vor nicht allzu langer Zeit. Die Burg schien offenbar doch bewohnt, obwohl Valerie immer gedacht hatte, es sei eine verlassene Ruine.

Kaum hatte sie diesen Gedanken zu Ende gebracht, als sich die Haupttür des größten Wohngebäudes öffnete. Eine seltsame Gestalt erschien, ein alter Mann in Livree, klein, mit schlohweißen Haaren, wie ein Diener längst verstorbener Fürsten. Sein runzliges Gesicht schien starr, mit einer ausholenden Bewegung seiner Hand bedeutete er Valerie, einzutreten. Die Kerzen im Leuchter seiner linken Hand flackerten leicht.
Mit langsamen Schritten ging sie auf das Haus zu. Im Nacken spürte sie die Blicke des Raben. Mit einem Kopfnicken grüßte sie den Alten, als sie an ihm vorbei das Gebäude betrat.
Es roch muffig. Das wenige Sonnenlicht, das von außen durch die Tür eindrang, beleuchtete tanzende Staubflocken. Die Fenster waren mit schweren schwarzen Vorhängen verhängt.

Ausgeblichene Gemälde früherer Hausherren und ihrer Gemahlinnen begrüßten Valerie mit toten Augen.
„Mein Herr erwartet Euch."
Valerie zuckte zusammen, als der Alte sie ansprach. Seine Stimme klang genau so, wie sie es sich vorgestellt hatte. Sie war leise, aber schneidend, bestimmt, aber unverbindlich.
„Ihr Herr?"
„Freiherr von Steinen hat Euch vom Fenster aus kommen sehen."
Valerie warf einen Blick auf die Vorhänge an den Fenstern und zuckte die Schultern.
Der Alte schlich tiefer in das Gebäude. Ihr blieb nur, ihm zu folgen, wenn sie die Burg nicht sofort wieder verlassen wollte. Und das wollte sie nicht, das alte Gemäuer faszinierte sie. Sie wollte mehr über seine Geschichte erfahren, und sie war neugierig auf den Bewohner. War sein Diener schon eine merkwürdige Erscheinung, wie mochte dann erst der Freiherr sein? Nun, immerhin schien es zumindest ein echter Adliger zu sein.
Das Innere des Gebäudes unterschied sich nicht von dem anderer Burgen, die Valerie gesehen hatte. Die kalten Steinwände waren mit Gemälden und Wandteppichen vollgehängt, auf dem Boden lagen weitere Teppiche. Rüstungen und klobige Möbel mit wachsverklebten Kerzenleuchtern standen in den Gängen. Nur war hier alles älter, staubiger, verschlissener als in den anderen bewohnten Burgen, die sie kannte.

Aus einem der Räume drangen das Knistern eines Kamins und der dazu gehörige Feuerschein durch die offene Tür. Mit einem schnellen Blick registrierte Valerie ein breites Bett, eine Kommode, einen Stuhl, über dem eine weitere Livree hing. Es schien die Kammer des Dieners zu sein.
Der war plötzlich stehen geblieben, und Valerie hätte den Alten beinahe umgerannt.
Vor ihnen lag eine große Halle, in der ebenfalls ein Kaminfeuer prasselte.
Vor dem Kamin stand ein hochgewachsener Mann, dessen Alter nur Valerie schwer schätzen konnte. Er schien wesentlich jünger zu sein als sein Diener. Und doch war da etwas in seinen Augen, das ihn uralt erscheinen ließ. Die Augen erinnerten Valerie an die des Raben.
Auch der Freiherr trug altmodische Kleidung. Der Anzug war zwar alt, aber gepflegt. Wie seine gesamte Erscheinung.
„Seid mir willkommen. Ihr interessiert Euch für meine Burg?“
Die Stimme des Adligen klang charmant. Trotzdem musste Valerie schlucken. Die ganze Szene hatte etwas unwirkliches, wie die kleinen Geschichten in ihren Tagträumen, die sie vor Jahren geträumt hatte.
„Ja. Aber ich hatte nicht damit gerechnet, dass hier jemand lebt.“
Die Augen des Adligen blitzten kurz auf, als er das Wort „lebt“ hörte.
„Nun ja, ich verbringe nur einen Teil meiner Zeit in diesen Räumen. Aber wenn es Euch interessiert, wer-

de ich sie Euch dennoch gerne zeigen. Vor allem die Räume der Burg dürften Euch begeistern, in denen seit Jahrhunderten nichts verändert wurde."
Valerie ertappte sich dabei, wie sie dachte, dass das ja eigentlich auf alle Räume zutreffen dürfte.
Der Freiherr griff einen der Kerzenleuchter und ging voran. Der Diener war verschwunden, wahrscheinlich hatte er sich in seine Kammer zurückgezogen. Immer tiefer führte der Adlige Valerie in das Innere der Burg hinein. Je tiefer sie in das Gemäuer vordrangen, desto älter wurde die spärliche Einrichtung, desto staubiger wurde es. Dichte Spinnweben hingen in den Ecken, aber Valerie sah nicht eines der achtbeinigen Tiere.
Schließlich gelangten sie in einer weiteren Halle an eine kleine Holztür.
„Ich führe Euch jetzt in die Folterkammer, wenn Ihr es wünscht. Diese Tür hat in früheren Zeiten der Burgherr genutzt, um zu den Gefangenen zu gelangen. Die Unglücklichen selbst wurden durch einen Gang direkt vom Hof aus in das Verlies gebracht. Ich persönlich halte diesen Bereich für den interessantesten Teil der Burg. All die Schrecken, diese Qualen, Ängste und zerbrochenen Hoffnungen kann man heute noch dort unten atmen. All das berührt mich immer wieder besonders, wenn ich einen meiner seltenen Ausflüge in diese Räume unternehme."
Ausflüge nennt er es, wenn er in die Folterkammer geht, dachte Valerie abgestoßen und fasziniert zugleich. Ein kalter Schauer lief ihr über den Rücken.

Knarrend öffnete sich die Holztür. Das Kerzenlicht riss eine steile uralte Holztreppe aus der Dunkelheit. Die ausgetretenen Stufen bogen sich durch, als der Adlige Valerie in die Tiefe führte.
Vor ihnen öffnete sich ein steinernes Gewölbe. Der Freiherr entzündete einige der Fackeln an den Wänden. Langsam glitt der Raum aus der Vergangenheit ins Jetzt.
Valerie sah Schwerter und Holzknüppel an den Wänden hängen, Seile, Ketten, Eisenfesseln. In der Mitte des Gewölbes stand eine Streckbank, die aussah, als sei sie erst gestern das letzte Mal benutzt worden. Alles in dieser alten Folterkammer war in besserem Zustand als die Einrichtung in den Wohnräumen der Burg.
Auch die Eiserne Jungfrau, die neben der Streckbank stand, schien im Kerzenlicht zu blitzen. Valerie hätte eigentlich erwartet, dass sie nach Jahrhunderten in diesem Gewölbe stumpf und rostig sein würde. Sie hatte schon von diesen mittelalterlichen Folterinstrumenten in Menschenform gehört, in welche die Unglücklichen gestellt wurden. Dann klappten ihre Folterknechte das Vorderteil zu und die Nägel im Inneren bohrten sich in das Fleisch der Opfer.
Fasziniert ging Valerie langsam auf die Eiserne Jungfrau zu. Mit zitternden Fingerspitzen strich sie über das Metall. Das Vorderteil der Eisernen Jungfrau war aufgeklappt. Die Nägel blitzten seltsamerweise nicht wie der Rest des Gerätes, sondern sahen stumpf aus, als wären sie mit Rost überzogen.

Valerie stellte sich in den Innenraum, um sich die Eisenspitzen näher anzusehen. Sie rieb an einem der Nägel. Es roch rostig, doch es fühlte sich nicht wie Rost an.
Für einen Moment war Valerie abgelenkt. Sie glaubte, einen huschenden Schatten bemerkt zu haben. Ihr Blick suchte den Adligen. Als sie ihn nicht sofort sah, wandte sie sich wieder den Eisenspitzen zu.
Das nächste, was Valerie von dem Adligen sah, war seine Hand, die das Vorderteil der eisernen Jungfrau zuwarf. Die scharfen Eisenspitzen bohrten sich überall in ihren Körper, rissen das Fleisch auf und drangen in ihr Leben, ihre Träume und Hoffnungen ein. Doch der Tod kam zu schnell und zu überraschend, als dass sie schreien konnte.
Doch dieser Tod war gnädig. Er ersparte ihr den Anblick der übernatürlich spitzen Zähne des Adligen. Und den Anblick, wie er das Blut, das aus der Eisernen Jungfrau tropfte, aufleckte.

Valerie öffnete die Augen. Schweißgebadet war sie aus ihrem Alptraum erwacht.
Sie schüttelte den Kopf. Ganz sicher würde sie heute nicht wie geplant diese Burg besuchen.

Kuss

Er blies das Zündhölzchen aus, mit dem er die Kerzen angezündet hatte. Ein dünner Rauchfaden schlängelte sich nach oben durch die Lichtschlieren, welche die Kerzenflammen in die Düsternis des Raumes atmeten. Sein Blick folgte diesem Rauchfaden für einen Moment. Schließlich zerfaserte der Rauch an der Decke des großen Zimmers.
Rodriguez senkte den Blick und sah Annabell in die Augen.
„Annabell."
Seine Stimme war nur ein Hauch.
Sie öffnete ganz leicht den Mund, ohne etwas zu sagen.
Er konnte hören, wie sich ihr Herzschlag beschleunigte. Konnte es sehen am Pochen ihrer Halsschlagader, die sich unter ihrer warmen Haut dahinwand wie ein Strom, dessen Flüssigkeit das Leben für ein ganzes Land bedeutete.
Die Ader pochte, bebte, zuckte.
„Annabell."
Fast regungslos stand sie weiter vor ihm, blickte ihn mit ihren unergründlich tiefen braunen Augen an. Hin und wieder schlossen sich die Augenlider, Bruchteile von Sekunden, flüchtig wie die Zeit. Keine Unterbrechungen ihres Blickes, nur kleine unbewusste, unumgängliche Eruptionen ihres Lebens.
Sie schaute ihm fest in die Augen. Doch er wusste, dass sie schwach war, ihre Stärke nur Fassade. Er sah

es an der Art, wie sich ihre Augenlider schlossen, an der Art, wie ihre Nasenflügel bebten und wie sie den Mund geöffnet hatte.
Er war nur ein schmaler Strich, der von ihren weichen Lippen umschmeichelt wurde. Kein Lächeln. Mehr eine Aufforderung. Keine Bitte, sondern ein Flehen. Egal was. Aber tu etwas!
Rodriguez ging einen Schritt nach vorne.
Das Kerzenlicht flackerte leicht im Luftzug, den er dabei verursachte. Schatten tanzten an der Wand, auf den Laken des Bettes, an der Decke.
In ihren Haaren. Ihren Augen.
Ihr Mund öffnete sich ein kleines Stück mehr. Wie ein Versprechen schob sich die Spitze ihrer Zunge langsam durch die Lippen hindurch, glitt einmal über sie hinüber und hinterließ einen feuchten Schimmer, als sie wieder verschwand.
Ihre Ader pochte, bebte, zuckte.
Es fiel ihm nicht schwer, aus ihren Augen aufzutauchen und seinen Blick jetzt ganz an ihre Halsschlagader zu heften. Ihre Augen glänzten voller Sehnsucht, Hingabe, Geheimnisse, doch ihre Ader war das Leben.
Und ohne Leben waren die anderen Dinge sinnlos.
Rodriguez ging einen weiteren Schritt nach vorne. Er stand jetzt nah genug vor ihr, um sie berühren zu können.
Als er spielerisch mit den Fingerspitzen seiner rechten Hand über ihren linken Handrücken strich, schwankte sie.
Sie fühlte sich warm an. Lebendig.

Er wollte sie, und er wusste, dass sie ihn auch wollte. Dass sie beide nichts gegen dieses Verlangen ausrichten konnten.
Seine Fingerspitzen fanden ihren Weg über ihren Unterarm, auf dem sich die feinen Härchen aufrichteten. Ein angenehmer Schauer durchlief ihren ganzen Körper, als er über die Haut auf der Unterseite ihres Oberarms strich.
Sie stieß einen tiefen Atemzug aus.
Seine Finger strichen weiter ihren Arm entlang, über die Schulter zum Hals. Legten sich einen Moment so sanft wie eine Ahnung auf das Pochen, Beben, Zucken ihrer Ader.
Er schluckte trocken.
„Annabell."
Sie stand vor ihm, schön wie Gott sie erschaffen hatte. Ohne lästiges Beiwerk aus Stoff oder Leder. Nur ganz sie selbst.
Fröstelnd trotz der heißen Sommernacht.
Schwitzend angesichts seiner Augen und der Versprechen, die sie darin las.
Seine Fingerspitzen versanken in der kleinen Mulde zwischen Hals und Schlüsselbein. Verharrten dort für einen Flügelschlag der Zeit. Wanderten weiter in die Kuhle unter dem Kehlkopf und verharrten dort ebenfalls.
Ihr Busen hob und senkte sich immer schneller. Längst schon waren ihre Brustwarzen hart geworden, hatten sich aufrichtet.
Er sah, dass ihre Beine ein wenig zitterten.

Und er lächelte. Ließ seine Fingerspitzen weiter nach unten gleiten, kitzelte ihre Brustwarzen, zeichnete die Linien ihrer Brüste nach.
„Annabell."
Immer wieder nur dieses eine Wort, ihren Namen, flüsterte er. Jedes Mal wie ein Hauch schlich dieses Wort durch die Nacht. Umwebte sie beide. Ließ sich nieder auf der Zeit und hielt sie für einen Augenblick an.
Langsam ging Rodriguez um sie herum. Sein Handrücken streichelte wie unbeabsichtigt ihre Taille. Er drehte seine Hand und legte sie auf ihren Rücken, als er hinter ihr stand. Fuhr mit zwei Fingern die Wirbelsäule entlang nach oben und genoss es, wie sie sich unter seiner Berührung bog, sich ihm entgegendrängte, um die Verbindung nicht abreißen zu lassen.
Seine Hand tauchte unter ihre langen Haare, ein im Kerzenlicht schimmerndes Netz seidiger Fäden. Fuhr weiter hoch, bis er den Ansatz ihres Halses spürte. Jetzt schob er ihre Haare beiseite, ließ sie über ihre rechte Schulter fallen. Sie bedeckten nun ihre rechte Brust, kitzelten ihre Brustwarze, in der noch immer seine Berührung kribbelte.
Sie keuchte.
„Annabell."
Seine Stimme wehte in ihr Ohr. Seine Lippen liebkosten ihre Ohrmuschel. Mit einer Hand streichelte er ihr den Rücken langsam auf und ab, immer die Wirbelsäule entlang.

Die andere Hand hatte den Weg zu ihrer Halsschlagader gefunden und liebkoste den Takt ihres Lebens.
Als seine Zungenspitze ihren Hals entlang glitt, erschauderte sie. Sie schmeckte salzig. Roch erregt, voller Lust, Angst, Hingabe und Sehnsucht. Doch Rodriguez nahm noch einen anderen Geruch wahr.
Metallisch.
Süß.
Lebendig.
Rot.
Seine Zungenspitze erreichte ihre Halsschlagader, kitzelte sie. Genoss den Vorgeschmack dessen, was ihr warmer Hals, ihr warmer Körper noch versprach.
Rodriguez legte seinen Kopf in den Nacken und öffnete den Mund.
Seine Zähne schimmerten leicht im Kerzenlicht, seine Augen funkelten.
Langsam senkte Rodriguez seinen Kopf.
Wohlwissend, was sie erwartete, drängte sie ihm ihren Körper entgegen, ihren Hals.
Ihr Leben.
Und dann küsste Rodriguez seine Annabell.
Die Spitzen seiner Fangzähne ritzten leicht ihre Haut. Ein paar rote Tropfen benetzten seine Lippen, seine Zunge. Gierig schmeckte er sie, schmeckte Annabell.
Ihr Leben.
Tiefer wurden ihre Seufzer. Tiefer sanken seine Fangzähne in ihr Fleisch, fanden den Weg zur Quelle seiner ewigen Jugend, seiner Kraft - und er trank.

Rodriguez trank voller Ekstase und zugleich Zärtlichkeit. Voller Gier und zugleich Dankbarkeit. Rotes Leben perlte über seine Lippen. Lief in einem dünnen Rinnsal ihren Hals hinab. Glänzte dunkel und satt und voller Kraft - und doch so vergänglich.
Rodriguez trank.
Ließ auch nicht ab, als sie in seinen Armen in sich zusammensank, nachdem der Großteil ihres Lebens aus ihr herausgeflossen war. Mit eisernem Griff hielt er sie umklammert, spürte nicht die Kälte, die langsam von ihr Besitz ergriff.
Rodriguez trank.
Und kostete den einzigen Kuss, den er Annabell je geben würde, bis zum letzten Tropfen ihres Blutes aus.

Angeliques Abschied

Die schlanke Gestalt stand auf dem kleinen Hügel am Rande der Stadt und blickte auf die Häuserfront hinunter. Der letzte Regen war noch nicht ganz abgetrocknet, und sie atmete tief die satte, erdige Luft ein. Ihr Geruch, ihr Geschmack beruhigte sie, ließ sie wohlig seufzen. Es war der Geruch, der Geschmack ihres Zuhauses.
Der Mond stand direkt über ihr und warf sein bleiches Licht hinunter in die Welt der Lebenden, der Toten - und der Untoten. Sie wandte ihm ihr Gesicht zu und wärmte sich an seinem kalten Lächeln.

Einige Jahrzehnte hatte Angelique in dieser Stadt gelebt. Eigentlich nur in den Nächten, dachte sie mit einem traurigen Lächeln. Die Tage, an denen das wirkliche Leben in dieser Stadt pulsierte, hatte sie in einem Sarg verbracht, hatte gut versteckt in einer vergessenen Gruft auf dem Friedhof geschlafen. Nachts hatte sie sich dann unter die Menschen gemischt, die keinen Schlaf finden konnten, weil sie einsam oder liebestrunken waren, Angst vor der Zukunft hatten oder einfach nur etwas feiern wollten. „Oder weil du sie mit deiner Ruhelosigkeit wach geküsst hast“, flüsterte sie sehnsüchtig und zugleich liebevoll dem Vollmond zu.
Sie wusste nicht, die wievielte Stadt dies war, in der sie eine Zeitlang gelebt hatte. Es konnte die fünfte, aber auch die achte sein. Sie erinnerte sich nicht an

alle so recht. Die Städte waren austauschbar wie die meisten Menschen, die in ihnen lebten. Nur wenige Lebende hatten ihren Weg gekreuzt, an die sie sich erinnern konnte. Und fast jeder von diesen hatte Angeliques Kuss empfangen.
Aber nicht einen dieser Menschen, weder Mann noch Frau, hatte sie zu einem Vampir gemacht, nicht einen zu ihrem Gefährten.
Nur eine Handvoll der von ihr ausgewählten Opfer war ihr entronnen, meist durch unvorhergesehene banale Dinge. Ein kleines Kruzifix an der Halskette zum Beispiel bei dem jungen Mann, der ihr letztes Opfer in dieser Stadt hatte sein sollen. Sie hatte ihn ein paar Mal in einer der Bars in der Stadt gesehen, doch die Kette war ihr nie aufgefallen. Erst, als sie sich mit ihm allein im Stadtpark getroffen hatte, bereit, ihren Durst mit seinem Leben zu stillen, hatte sie sich fast die Hand an dem Kruzifix verbrannt, als sie ihn im Nacken geküsst und den Kragen seines Hemdes weiter geöffnet hatte, um an die pulsierende Ader an seiner Kehle zu gelangen.
Fauchend war sie zurückgewichen, war in die Nacht geflohen. Durstig, wütend, ängstlich.
Schließlich hatte sie ihren Durst an einem Betrunkenen gestillt. Sie hatte nur wenig getrunken, nur des Überlebens willen ihren Ekel überwunden. Ihr Opfer würde es überleben. Sie hatte ihm nach dem Kuss den Hals zerkratzt. Der Mann würde glauben, er wäre gestürzt und sich dabei verletzt.
Sie hatte vorher schon geahnt, dass ihre Zeit in dieser Stadt abgelaufen war, doch seit der Nacht im

Stadtpark duldete ihr Abschied keinen weiteren Aufschub mehr. Sie glaubte nicht, dass viele Menschen dem jungen Mann glauben würden, dass er einem Vampir entkommen war. Doch es hatte in den vergangenen Jahren viele ungeklärte Todesfälle gegeben, welche die Menschen noch nicht vergessen hatten. Und eine Handvoll entschlossener Jäger konnte ihr Ende bedeuten.
Und auch, wenn sie in manchen besonders einsamen Stunden ihren eigenen Tod als Erlösung empfunden hätte, wollte sie doch nicht mit einem Pfahl im Herzen sterben, mit abgeschlagenem Kopf und ein paar Knoblauchzehen zwischen den Zähnen.
Nein, den Zeitpunkt ihres Todes wollte sie selbst bestimmen. Ebenso wie die Weise, auf die sie starb. Sie wollte dort, wo ihr Geliebter getötet worden war, fern von hier, die Morgensonne erwarten und sich mit ihrem Gefährten und der Ewigkeit vereinen.

Schon seit einigen Monaten trug Angelique sich mit dem Gedanken, die Stadt zu verlassen. Menschen, denen sie in all den Jahrzehnten hin und wieder begegnet war, auch wenn es nur einige wenige Menschen waren, sahen sie fragend an. Die Sterblichen alterten, sie dagegen war so jung geblieben wie sie an dem Tag war, als sie auf ihren Geliebten getroffen war. Die Frauen neideten ihr ihre Jugend und Schönheit, während sie selbst zusehends verfielen. Die Männer bewunderten sie fasziniert, doch zugleich auch verwundert und irritiert.

Diese Stadt war nicht groß genug, dass es sich vermeiden ließ, immer wieder mal auf die gleichen Menschen zu treffen. Besonders diejenigen, die in der Nähe des alten Friedhofes lebten, stellten eine Gefahr für Angelique dar. Es war gut möglich, dass einer der Sterblichen gesehen hatte, wie sie morgens den Friedhof betrat oder ihn abends verließ, und sie vielleicht sogar beobachtete und sich Fragen stellte. Eine junge Frau, die sich nachts auf dem Totenacker aufhielt, bedeutete ein Problem in den Augen der Menschen.
Nein, sie musste die Stadt verlassen.
Sie seufzte. Der Abschied fiel ihr an sich nicht schwer. Es gab nichts, was sie hier an diesem Ort hielt. Und genau das war es, was sie so sehr bedrückte. Nicht die Freundschaft zu den Sterblichen suchte sie. Vampire und Menschen konnten keine Freunde werden, die Ängste der Menschen waren zu groß, der misstrauischen Blicke zu viele. Und sie konnte nicht darauf verzichten, das Blut der Lebenden zu trinken, wenn ihr Durst übermächtig wurde. Aber noch immer hatte sie die Hoffnung nicht aufgegeben, dass in einem dieser Häuser ein neuer Gefährte auf sie wartete, ein junger Mann, der nicht nur ihr Opfer sein würde, sondern auch von ihrem Blut trinken und sie durch die Nächte der Unendlichkeit begleiten würde.

Ihre hellwachen Sinne registrierten in dem leisen Flüstern der Bäume hinter ihr und dem streichelnden Säuseln des Windes noch ein anderes Rauschen, fast

unhörbar, mehr eine Ahnung, fast wie ein Traum, der morgens mit dem ersten Sonnenlicht verschwand. Sie schloss die Augen und konzentrierte sich auf das Geräusch. Es kam näher, gleichmäßig, gleitend. Ein liebevolles Lächeln entblößte ihre spitzen Eckzähne. Sie hatte schon auf die Ankömmlinge gewartet. Seit sie in ihr zweites Dasein geglitten war, war sie von ihnen begleitet worden. Auch diese Reise würde sie nicht ohne ihre Freunde antreten.
Das Rauschen wurde lauter, sie unterschied jetzt zwischen Flügelschlägen und dem Gleiten der kleinen Körper durch die Nachtluft. Mit einem Schlag verstummte die Sinfonie der Geräusche in der Insektenwelt. Sie hatte es in zahllosen Nächten erlebt, wie die Insekten den Atem anzuhalten schienen, wenn ihre Freunde auftauchten.
Angelique breitete ihre Arme aus. Sie spürte kaum, dass sich einige Tiere - nur die ältesten Fledermäuse durften sich auf ihrem Körper niederlassen - auf ihre Arme setzen. Die Tiere zogen ihre Flügel ein und warteten reglos. Der Rest der Schar hatte sich auf den Ästen nahe stehender Bäume niedergelassen. Auch sie warteten reglos und schweigsam.
Sie waren wie die Jahrhunderte ihres zweiten Daseins, aber auch wie ihre schon so lange währende Einsamkeit ein Geschenk ihres Geliebten. Noch in der Nacht, in der er Angelique zu seiner Gefährtin gemacht hatte, hatte er die Tiere auf ihrer beider Leben eingeschworen. Viele hatten sich geopfert, um die Liebenden damals zu verteidigen, als sie gejagt wurden. Doch umsonst. Ihr Geliebter war von den

Jägern endgültig ins Reich des Todes geschickt worden. Nur sie hatte im Schutz der Nacht fliehen können. Die Fledermäuse hatten ihr den Weg gewiesen, den ihre Tränen sie nicht allein hatten finden lassen. Es waren die ersten Tränen gewesen, die sie in ihrem zweiten Dasein vergossen hatte. Und es waren die letzten Tränen gewesen, die sie bisher vergossen hatte.

„Es ist so weit. Machen wir uns auf den Weg, eine neue Zukunft auf Zeit zu erobern, meine Freunde.“
Angelique warf die Arme in die Luft. Die Tiere erhoben sich in den Nachthimmel und folgten ihr zu ihrem neuen Ziel, in eine andere Stadt jenseits des Waldes.

Penanggalan

Malaysia.
Grünes Paradies aus mehr als 800 Inseln.
Ich war auf einer dieser Inseln unterwegs. Oder besser gesagt war ich auf einigen von ihnen unterwegs, darunter auf den beiden Hauptinseln, der Malaiischen Halbinsel und Borneo. Aber diese eine ist mir besonders in Erinnerung geblieben.
Langkawis.
Sie ist nicht sonderlich groß. Doch auf ihr gibt es schöne Strände, sehr viel Regenwald – und ein vor allem in der Morgendämmerung gespenstisch wirkendes Mangroven-Sumpfgebiet.
Und Mahkam Masuri.
Das Grabmal dieser malaiischen Prinzessin im Inneren der Insel wollte ich besuchen. Ich hatte schon viel von diesem schönen Ort gehört, von dem Monument aus weißem Stein, Pilgerort verlassener Frauen. Mahkam Masuri wurde wegen einer angeblichen Liebesaffäre von den Dorfbewohnern ermordet. Ihr weißes Blut aber bezeugte ihre Unschuld.
Ich mochte diese malaiischen Geschichten. Bis ich auf Penanggalan traf.
Es war ein Bumiputra, ein Sohn der Erde, der mich zu ihr führte. Er stand plötzlich vor mir, mitten im Regenwald, den ich auf meiner Tour zu Mahkam Masuri durchquerte.
Zitternd stand er auf dem Weg, stierte mich an.
Dann lief er auf mich zu.

Ich griff nach dem malaiischen Keris, den geschwungenen Dolch, den ich gleich zu Beginn meiner Malaysiareise gekauft hatte und nun immer bei mir trug - als späteres Andenken, aber auch als Schutzmaßnahme auf meinen aktuellen Ausflügen. Doch noch zog ich den Keris nicht hervor, denn irgendetwas sagte mir, dass die Gefahr nicht von diesem Mann ausging. Sondern von etwas, von dem ich noch nicht wusste, was es war.

Ich tippte auf einen malaiischen Tiger. Gerne hätte ich so ein Tier in freier Wildbahn erlebt. Allerdings wäre der Zeitpunkt etwas ungelegen gewesen. Denn ich war zu Fuß unterwegs. In einem Auto hätte ich mich doch einiges sicherer gefühlt.

Doch es war kein Tiger, der den Mann in solche Angst versetzt hatte.

„Penanggalan! Penanggalan!"

Immer wieder nur dieses eine Wort.

Bis er bei mir war.

Dann fiel er auf die Knie und umfasste meine Beine.

„Penanggalan! Bitte, Mister. Helfen!"

Kaum hatte ich ihm wieder auf die Beine geholfen, da ergriff er meine Hand und zog mich mit sich, ein Stück den Weg entlang und dann hinein in den Dschungel, in eine grüne Hölle voller Leben und Tönen und Gerüchen und Augen, die uns folgten. Die Dämmerung war bereits hereingebrochen, und alles, was bisher geschlafen hatte, erwachte gerade rund um mich herum.

Ich warf einen letzten Blick zurück zum Weg. Mich trennten nur noch wenige hundert Meter von

Mahkam Masuri. Doch bereits nach wenigen Schritten hinein in das dichte Grün vor mir hatte ich jegliche Orientierung verloren.
Der Bumiputra zog mich weiter.
Ich weiß nicht, wie viele Minuten wir unterwegs waren. Die Dunkelheit ist am Boden des Dschungels dichter, auch in der Dämmerung, die Zeit lässt sich also nicht daran ablesen, wie die Dunkelheit sich verstärkt. Und auch an der Wegstrecke lässt sich die Zeit nicht festmachen, wenn alles um einen herum gleich aussieht und man hektisch gezogen wird, so dass man ohnehin kaum auf den Weg achten kann.
Schließlich standen wir vor einer Holzhütte. Ich blickte mich um, entdeckte weitere Hütten, versteckt zwischen den Bäumen, abgetaucht ins Grün des Regenwaldes und ins Schwarz der Nacht. Ich hatte sie nur entdeckt, weil durch die Spalte der Holzstämme, aus denen sie gebaut waren, schwacher Feuerschein glimmte.
Keine Menschenseele war zu sehen.
Der Bumiputra zeigte auf den Eingang einer Hütte.
„Penanggalan!“
Ich nickte und ging hinein. Und da war sie.
Penanggalan.
Ein hässlicher Frauenkopf, der ein Stück über dem Boden schwebte. Arme, Beine, Oberkörper - alles fehlte. Außer den Gedärmen, die vom Hals herunterhingen. Von ihnen tropfte Blut auf den gestampften Lehmboden der Hütte.

Sie hatte mich noch nicht bemerkt, und ich machte ein paar Schritte zur Seite, um sehen zu können, was sie da tat.
Sie hatte den Hals, den Oberkörper und den Bauch der armen Frau, die vor ihr lag, zerfetzt und trank schmatzend deren Blut.
Der ganze Raum roch nach Essig, Blut, Angst und Gier. Ich spürte, dass ich mich übergeben musste und lief aus der Hütte.
Ich schüttelte den Kopf, als ich den Blick des Bumiputra bemerkte.
Der Frau in der Hütte war nicht mehr zu helfen.
Noch während ich versuchte, das Gesehene zu verarbeiten, zu verstehen, schwebte der Kopf des Monsters aus der Hütte heraus und an mir vorbei in den Dschungel.
Doch es sollte nicht unsere einzige Begegnung bleiben.

„Penanggalan tötet schwangere Frauen und Neugeborene und trinkt deren Blut. Es ist die Hexe aus dem Dorf auf der Lichtung, etwa eine Stunde von hier“, erzählte mit der Dorfälteste am nächsten Tag.
Ich war den Rest der Nacht in dem Dorf geblieben, gemeinsam mit dem Bumiputra in einer der anderen Hütten. Am Morgen verbrannten die Männer die Hütte, in welcher die Bluttat geschehen war - zusammen mit dem Körper der Toten.
„Wenn ihr wisst, wer dieses Monster ist, warum habt ihr noch nichts gegen sie unternommen?“

„Tagsüber ist sie eine schöne Frau, bei deren Anblick alle Männer verzaubert werden. Sie verlieren die Kraft und den Willen, ihr etwas zu tun. Und nachts, wenn sie sich verwandelt hat, kann sie nicht getötet werden."
„Und eure Frauen? Warum haben die noch nichts getan?"
„Sie haben Angst vor der Macht der Hexe. Vor ihren Flüchen, die noch wirken werden, wenn sie selbst schon lange tot ist."
Meine Neugier war noch lange nicht befriedigt.
„Warum riecht sie so stark nach Essig?"
„Sie säubert sich jeden Morgen in einem Essigbad. Wir glauben, sie will damit die bösen Flüche der Hinterbliebenen abwaschen, die diese ihr hinterherschicken - und die Seelen der Getöteten, die sich an sie heften. Ruhelose Seelen, an die Mörderin gefesselt bis zu deren Tod. Oder bis diese Seelen von Penanggalan selbst verbannt werden."

Mich trieb die Neugier in das Dorf, in dem diese Penanggalan leben sollte.
Es war nicht schwer, sie zu finden. Auch dieses Dorf war klein, bestand nur aus vielleicht drei Dutzend Hütten.
Und wirklich, Penanggalan war bei Tag eine schöne Frau. Mit ihren langen schwarzen Haaren und den dunklen Augen dürfte sie der Traum zahlloser Männer sein. Ich wusste sofort, dass sie die Gesuchte sein musste. Keine andere Frau in diesem Dorf war

auch nur annähernd so schön. Doch alle anderen Frauen machten einen großen Bogen um sie.
Natürlich hatte sie mich schnell bemerkt. Touristen kamen nicht oft in dieses Dorf, da fiel jemand wie ich auf. Und sie schien es zu genießen, dass ich sie ganz offensichtlich anstarrte. Fasziniert, zugleich abgestoßen, stand ich also in diesem Dorf und beobachtete sie dabei, wie sie Feuerholz in ihre Hütte trug, ein Huhn schlachtete.
Erst als sie sich ein paar Tropfen Blut von den Fingern leckte, erwachte ich aus meiner Faszination. Diese Frau war Penanggalan, sie hatte in der Nacht zuvor eine andere Frau brutal ermordet - und viele andere Frauen und Neugeborene zuvor. Und sie trank das Blut ihrer Opfer.
Ich war hier, um dieses Monster zur Strecke zu bringen.
Als sie mit dem toten Huhn in der Hand zurück in ihre Hütte ging, folgte ich ihr. Ich wurde von einem stechenden Essiggeruch empfangen. Meine letzten Zweifel schwanden.
Sie stand in der Mitte der Hütte. Erwartete mich.
Eine junge, wunderschöne Frau. Der traditionelle Kemban, den sie trug, zeichnete die Formen ihres Körpers nach und ließ mit Sicherheit die Fantasie vieler Männer tanzen.
Mit dem traditionellen Gruß, den zusammengelegten Handflächen und einer kurzen Verneigung, empfing sie mich. Ich grüßte zurück. Sie sollte keinen Verdacht schöpfen. Sollte keine Möglichkeit haben, ihrer gerechten Strafe zu entkommen.

Doch ich spürte, dass ich mein Vorhaben schnell in die Tat umsetzen musste. Der Zauber ihrer Schönheit breitete sich bereits in mir aus. Je länger ich ihr in die abgrundtief dunkeln Augen schaute, desto mehr verdrängte mein Verlangen nach ihrem Mund und ihrem Körper mein Verlangen nach ihrem Tod.
Zwei Schritte vor ihr blieb ich stehen. Wartete ab. Sie kam auf mich zu, versuchte, in meinen Augen zu lesen. Ich war froh über mein Begehren, vielleicht konnte ich sie so täuschen. Sie strich mir mit einer zarten Hand über die Wange.
Mörderhand.
Der Zauber war endgültig gebrochen, und mit einer schnellen Bewegung zog ich meinen Keris aus dem Gürtel und stach ihn ihr in den Leib in der Hoffnung, ihr Herz zu treffen.
Ihre Augenlider flatterten, die Hand, die mich eben noch gestreichelt und dabei so erregt hatte, fiel herab, ihre Lippen zitterten. Ohne einen Laut von sich zu geben, sank sie zu Boden.

Ich verließ die Hütte, das Dorf, mit Tränen in den Augen. Ich war zum Mörder geworden. Auch wenn meine Tat gerechtfertig schien, so hatte ich doch ein anderes Leben ausgelöscht.
Kaum hatte ich die kleine Häusergruppe hinter mit gelassen, ging die Hütte der Penanggalan in Flammen auf. Die Dorfbewohner hatten natürlich meinen Besuch bemerkt, hatten mich beobachtet, und der Dorfälteste hatte nach meinem fluchtartigen Verlassen der Hütte einen Blick hineingeworfen,

Penanggalan am Boden liegen sehen und sofort einen Entschluss gefasst.

Sollte ich noch einmal in dieses Dorf kommen, würde man mich wohl wie einen Helden feiern. Doch das hatte ich nicht vor. Noch am selben Tag verließ ich Malaysia mit dem festen Vorsatz, dieses so schöne Land nie wieder zu betreten.

Angst vor einer Strafverfolgung hatte ich nicht. Aber Angst vor meinen künftigen Träumen. Angst davor, in ihnen von Penanggalan heimgesucht zu werden. Wie sehr das zutreffen würde, ahnte ich damals aber nicht auch nur ansatzweise.

Nacht für Nacht schwebte sie in meine Gedanken und verwandelte sich während eines wilden Liebesaktes in das Monster, als welches sie getötet hatte. Jede Nacht erwachte ich schweißgebadet.

Erst kurz vor meinem eigenen Tod, in den Nächten, in denen ich diese Geschichte niederschrieb, ließ sie endlich von mir ab.

Anmerkung: Die malaiischen Penanggalan sind keine klassischen, untoten Vampirwesen, wie wir sie aus den westlich geprägten Geschichten kennen. Bei ihnen handelt es sich der malaiischen Mythologie nach um sterbliche Hexen, die sich nachts in Blutsauger verwandeln, um das Blut schwangerer Frauen und von Neugeborenen zu trinken. Es gibt sie unter anderem Namen auch in anderen Ländern Südostasiens.

Ein besonderer Morgen

Es fühlte sich an wie jeden Abend. Unruhig lag er auf seinem Lager und wartete. Noch stand die Sonne einen Finger breit am Horizont. Doch bald schon würde sie vollständig versunken sein. Wie jeden Abend in den vergangenen Jahrhunderten.

Er konnte das Leben in der Erde unter sich hören, in der Luft über sich. Nachtschwärmer rauschten flügelschlagend durch die Dämmerung, auf der Hut vor den späten Jägern im Federkleid. Ein angsterfülltes Zirpen, ein lähmendes Kreischen erregten einen Augenblick seine Aufmerksamkeit. Dann drehte der Jäger mit seiner Beute ab, und andere Geräusche füllten seine Wahrnehmung.

Unter ihm raschelte es im Erdreich, er konnte das vorsichtige Schlängeln eines Regenwurms unter der Erdscholle hören, bevor er den feucht-erdigen und leicht metallenen Geruch des Tieres wahrnahm. In der Ferne hörte er einen Wolf heulen, sehnsüchtig und kraftvoll zugleich, eine Gefahr nur für noch einsamere Kreaturen, die ruhelos durch die Dämmerung huschten.

Das Scharren zahlreicher kleiner Füße rund um sein Lager wurde lauter. Immer mehr kleine Krallen kratzten über den rauen Stein am Boden, raschelten durch das tote Laub auf den Steinen. Ein wogender Teppich brauner und grauer Leiber bewegte sich unruhig in dem fensterlosen Raum umher, angesteckt

von der Unruhe ihres Herrn, die tief in seinem Inneren tobte.
Jaromir richtete sich langsam auf. Er verharrte einen Moment sitzend und horchte in sich hinein. Wie aus weiter Ferne drang etwas in sein Bewusstsein vor, ein Flüstern, ein Hauch nur. Die Gier nach Leben, die ihn in den ersten Jahrhunderten getrieben hatte, war fast verstummt. Aber nur fast.
Dafür meldete sich lauter eine andere Stimme in ihm. Die Stimme der Sehnsucht nach dem Tod, wie es früher die Gier nach Leben gewesen war. Doch während es früher um sein Leben und den Tod der Menschen gegangen war, die er gejagt hatte, erzählte diese neue Stimme, die gleichzeitig aus seinem Kopf und seinem Herzen zu kommen schien, von seinem eigenen Tod.
Er hatte schon seit einiger Zeit immer wieder dieser Stimme gelauscht, aber erst jetzt beschloss er, ihr zu glauben. Sie hatte Recht – seine Zeit war gekommen.
Jaromir erhob sich vollständig von seinem Lager.
Um seine Füße, die den Staub vom Boden aufwirbelten, bildeten die Ratten sofort einen Kreis mit einigen Zentimetern Abstand. Sie hielten sich ehrfürchtig zurück und warteten unruhig.
Regungslos stand der Fürst der Dunkelheit und ließ sich von der jungfräulichen Kühle der aufziehenden Nacht liebkosen. Es würde das letzte Mal sein, dass er die Geburt der dunklen Tageszeit miterleben durfte. Er hatte diese Momente immer geliebt, und fast überkam ihn ein wenig Wehmut, als er an die

Abende vergangener Zeiten dachte. Doch diese Wehmut stärkte zugleich seinen Entschluss.
Mit starken Schritten, wie er sie schon lange nicht mehr sein eigen genannt hatte, durchquerte er den Raum. Der lebende Teppich vor ihm wich mit einem fast unhörbaren Wispern aus, gab den kalten Steinboden frei und schloss sich hinter seinem Rücken wieder zusammen.
Seine faltige Hand legte sich auf den Türknauf. Einen Moment betrachtete er sie, als würde er seinen Verfall erst jetzt bemerken. Ein bitteres Lächeln überzog sein Gesicht, als er an die Geschichten dachte, in denen sich die Menschen erzählten, dass Vampire nicht älter wurden und nur starben, wenn sie von ihren Jägern getötet wurden. Das war nichts weiter als eines von vielen Märchen.
Er wusste es besser. Er alterte seit Jahrhunderten, spürte das schleichende Gift der Zeit in seinem Körper. Oft genug hatte er sich gewünscht, mit den Menschen tauschen zu können. Sie starben innerhalb nur weniger Jahrzehnte – was für eine Gnade der Natur.
Mit einer fast unmerklichen Bewegung seiner Hand stieß er die Tür auf. Lautlos schwang sie nach außen. Er hatte immer darauf geachtet, sein Versteck nicht durch Unachtsamkeiten wie eine knarrende Tür zu verraten.
An seinen Füßen vorbei huschten die Ratten ins Freie. Jaromir breitete die Arme aus und begrüßte die Nacht, bevor er in sie hineintauchte.

Der letzte Flug war aufregend gewesen, fast noch aufregender als sein erster. Mit allen Sinnen hatte Jaromir die Welt um sich herum aufgenommen, ihre Düfte eingeatmet, ihre Stimmungen getrunken.
Bis er ein geeignetes Opfer gefunden hatte.
Es war einfach gewesen, er hatte viel Zeit zum Üben gehabt, seit er selbst einem Jäger zum Opfer gefallen war. Einem Jäger, der ihn zu dem gemacht hatte, was er heute war. Es hatte dieses Mal nur länger gedauert als üblich, da er etwas Besonderes gesucht hatte. Jetzt war er satt vom Blut des jungen Mädchens, welches er im Wald in den Armen ihres Freundes gesehen hatte.
Es war ihm nicht leicht gefallen, seine Ungeduld und seinen Hunger zu zügeln. Erst recht nicht, als das Mädchen ihr Oberteil geöffnet hatte, um sich von dem jungen Mann liebkosen zu lassen. Mit fiebernden Augen hatte Jaromir auf das helle Fleisch am Hals gestarrt, auf die pulsierende Ader, die weder von einem Kreuz oder einem weiteren Symbol der anderen Seite geschützt wurde.
Er war ihr gefolgt, als das Paar sich getrennt hatte, und nun lag das Mädchen reglos am Rande des Waldes. Er hatte sie nicht getötet oder sie zu seinesgleichen gemacht – damit hatte er aufgehört, als ihm bewusst geworden war, dass es kein einsameres Geschöpf auf Erden geben konnte als einen Vampir.
Nur getrunken hatte er von ihrem Blut.

Genug, um seinen Hunger zu stillen, aber nur so viel, um das junge Leben nicht zu gefährden

.Ein Schauer durchlief ihn, als er an den metallischen Geschmack dachte, der noch immer auf seinen Lippen lag. Dampfend war das Leben in seinen Mund geflossen, nachdem seine Zähne die zarte Haut am Hals des Mädchens geritzt hatten.

In ein paar Tagen würden die Wunden verschwunden sein, das Mädchen würde sich wundern, woher sie stammten. Mehr würde ihr nicht geschehen. Jaromir konnte sich an andere Orte weit entfernt von hier erinnern, in denen Bisswunden am Hals zwangsläufig den Tod des Opfers bedeuteten. Die armseligen Menschen sprachen in ihrer Angst und Unwissenheit schnell das Urteil und vollstreckten es auf grausame Art.

Entschlossen wischte er seine Gedanken an die Vergangenheit beiseite. Es galt, an die Gegenwart zu denken, an heute, nicht an gestern. Alles war bereitet. Jaromir wollte sich keine Sentimentalitäten erlauben. Sie würden nur das Glücksgefühl der kommenden Momente trüben.

Mit kraftvollem Schwung erhob er sich in den Nachthimmel und machte sich zurück auf den Weg zu seinem Versteck. Die alte Gruft, in der er seit ungefähr vierhundert Jahren seine Tage und viele seiner Nächte verbracht hatte, war ihm Zuhause und Gefängnis zugleich geworden. In dieser Nacht würde er sie ein letztes Mal betreten.

Er war am Ziel. Empfangen und gefolgt von den Ratten durchschritt er die Tür zur Gruft und blieb direkt hinter ihr stehen. Es würde nur noch wenige Augenblicke dauern, bis die Sonne aufgehen würde. Im Osten konnte er bereits einen schmalen hellen Streifen am Horizont sehen.
Um seine Füße tummelten sich die Ratten. Jaromir hockte sich nieder und streckte seine Hand aus. Eines der Tiere kam vorsichtig heran und ließ sich streicheln, während alle anderen in ihren Bewegungen verharrten. Der Rattenkönig erwies dem Fürsten der Dunkelheit seinen Respekt.
„Ihr werdet euch gut um mich kümmern, nicht wahr, meine treuen Freunde? Ich danke euch dafür, dass ihr mich begleitet habt“, flüsterte Jaromir in die schwindende Nacht.
Als wenn sie seine Worte verstanden hätten, kamen die Tiere näher. Wie schmutziges Wasser umfluteten sie seine Beine. Der Rattenkönig vereinte sich wieder mit der Menge.
Jaromir richtete sich wieder auf. Es war heller geworden. Jeden Moment würde der glühende Ball der Sonne hinter den Hügeln am Stadtrand erscheinen. Er durfte jetzt keine Zeit mehr verlieren. Mit fließenden Bewegungen richtete er seine Kleidung. Sie sollte richtig sitzen. Der Staub der Jahrhunderte, der in den Falten seines Gewandes hing, störte ihn nicht. Er war ein Teil von ihm geworden.
Mit hoch erhobenem Kopf wartete er auf das Licht des neuen Tages.

Mehr als sechs Jahrhunderte hatte er keinen Sonnenaufgang mehr gesehen. Mehr als sechs Jahrhunderte waren vergangen, seit er als Jüngling von seinem Meister in die ewige Finsternis geholt worden war.

Er hatte seinen Meister verflucht, als er seine Familie altern und sterben sah, ohne dass er selbst scheinbar auch nur einen Tag älter wurde. Ruhelos war er in der Welt umher geirrt. Bis heute.

Lange hatte er sich darauf gefreut, die Sonne noch einmal zu sehen. Er wusste, dass dies seinen sicheren Tod bedeuten würde. Doch er hatte keine Angst. Für ihn klang das Wort Tod wie ein Versprechen auf Erlösung.

Die ersten Sonnenstrahlen kletterten über den Horizont, sie schlichen näher, er konnte ihren Weg zu ihm auf dem Boden verfolgen.

Jaromir presste seine Lippen zusammen. Die Schmerzen würden grauenvoll sein, das wusste er. Aber er würde es durchstehen, würde nicht schreien, sondern das Licht, seinen Gegner, wie einen lieben Freund begrüßen und umarmen.

Dann hatten die Sonnenstrahlen ihn erreicht und glitten über seine Beine immer höher. Er spürte den Schmerz, fühlte, wie die Hitze und das Licht ihn erfüllten, in ihn drangen und ihn von innen nach außen zerfraßen.

Dann war es vorbei. Er fühlte keinen Schmerz mehr, nur noch Erleichterung und das Gefühl, endlich zu

Hause angekommen zu sein. Dankbar schloss er die Augen – und zerfiel zu Staub.
In das regungslose Rattenvolk kam Bewegung. Der Staub schwebte auf die Tiere herab, nichts fiel zu Boden, denn überall war der Stein von Rattenleibern bedeckt, welche die Überreste ihres Herrn auffingen – und mit sich in die Welt hinaus trugen.

Nachtjagd

Nervös drehte sie sich um.
Das Rauschen, sie war sich nicht ganz sicher, ob es wirklich ein Rauschen war, dieses eigenartige Geräusch schien näher zu kommen.
Nein, sie irrte sich.
Dieses Geräusch schien nicht nur näher zu kommen.
Es kam ganz eindeutig näher.
Sie blickte wieder nach vorne in die Nacht und ging etwas schneller. Fieberhaft suchten ihre Augen nach einem Ort der Sicherheit und des Lichts in diesem Meer der Dunkelheit.
Das Rauschen kam immer näher.
Sandra lief über die Straße und auf der anderen Seite an einer Hecke entlang. Hier fühlte sie sich etwas sicherer, denn die Dunkelheit war im Schatten des Gewächses noch dunkler. Sie konnte in dieser Dunkelheit kaum etwas sehen und hoffte, dass auch sie im Schatten der Hecke unsichtbar wurde.
Sie hoffte, dass das Rauschen, was immer es auch verursachen mochte, nichts mit ihr zu tun hatte. Und sie hoffte, dass das, was dieses Rauschen verursachte, nichts von ihrem Kurswechsel mitbekommen hatte.
Irgendwo rechts von ihr schrie eine Eule. Ihr Triumphschrei eines erfolgreichen Beutezugs übertönte den Todesseufzer des Tieres in ihrem Schnabel, klang aber grauenhaft endgültiger.

Sandra zuckte zusammen und biss sich auf die Lippen, um nicht laut aufzuschreien. Sie blieb stehen und zog ihre Schuhe aus in der Hoffnung, dass ihre Schritte nun weniger laut durch die Nacht hallen würden. Während sie die Stoffschuhe, die sie für ihren Spaziergang angezogen hatte, von den Füßen zog, blickte sie sich wieder gehetzt um.
Obwohl in der Nachtluft noch die Wärme des vergangenen Herbsttages lag, fror die junge Frau.
Sie lauschte. Inzwischen konnte sie einzelne Geräusche unterscheiden, auch wenn sie irgendwie alle gleich klangen. Wie Flügelschläge, dachte sie. Nur nicht wie die Flügelschläge von Vögel. Und auch das leise und dennoch schrille Fiepen klang nicht wie aus den Schnäbeln von Vögeln. Eher wie von Ratten oder Mäusen.
Fledermäuse, dachte Sandra.
Das sind nichts weiter als ein paar Fledermäuse, du dummes Ding, schimpfte sie erleichtert mit sich selbst.
Sie zog ihre Schuhe wieder an und setzte ihren Weg fort, nicht ohne hin und wieder über die Schulter in die Nacht hinter sich zu blicken.
Das Rauschen kam näher, den Flügelschlägen nach zu urteilen mussten es Dutzende Tiere sein. Vielleicht sogar Hunderte.
Ihre Erleichterung verwandelte sich in Entsetzen, als sie feststellte, dass die Tiere offenbar direkten Kurs auf sie nahmen. Das Rauschen kam nicht nur näher, es hielt direkt auf Sandra zu.

Ihre Schritte wurden schneller, sie begann zu laufen, erst langsam, doch je näher die Tiere kamen, desto schneller wurde sie selbst. Trotzdem schmolz der Abstand zwischen ihr und den Fledermäusen immer mehr zusammen.
Sandra blickte über die Schulter. Mit einem spitzen Aufschrei sah sie die ersten Tiere aus der Nacht hervorbrechen.
Und sie hielten direkt auf die Frau zu. Schon saßen die ersten Tiere in ihren Haaren, spitze Krallen bohrten sich in ihre Schultern, knorrige Lederflügel streiften ihr Gesicht.
Doch am schlimmsten war dieser Geruch. Die Tiere rochen nach Tod, nach Fäulnis, nach Blut.
Sandra stolperte und konnte sich im letzten Moment wieder fangen, sonst wäre sie auf die Straße geknallt. Etwas lief ihr ins Gesicht, und als sie die Flüssigkeit fortwischte, damit sie ihr nicht in die Augen lief, färbten sich ihre Finger rot. Sie hatte sich ihr eigenes Blut aus dem Gesicht gewischt.
Seltsamerweise fügten die Tiere ihre keine ernsthaften Verletzungen zu. Doch die Panik, die sich in Sandra ausgebreitet hatte, ließ keinen klaren Gedanken zu. Sonst wäre ihr sicherlich aufgefallen, dass die Tiere ihr nichts anhaben wollten. Sie verfolgten ein anderes Ziel.
Immer wieder wurde Sandra auf drei Seiten von einer dichten Wolke der Tiere umhüllt, wenn diese die Frau in eine bestimmte Richtung drängen wollten. Sandra wurde immer weiter in eine völlig menschenleere Gegend getrieben. Sie verlor völlig

die Orientierung, und ihre Kräfte ließen allmählich nach.
Doch unermüdlich trieben die Fledermäuse sie an.
Hoffnung keimte in Sandra auf, als sie in der Ferne die Lichter eines Hauses entdeckte. Offenbar lag das Gebäude auf dem Weg, den diese erschreckenden Kreaturen für sie bestimmt hatten, denn sie behielten die Richtung bei. Immer näher kam diese bizarre Gruppe dem Haus.
Kurz vor der Tür sackte Sandra in sich zusammen.
Fast ohnmächtig bemerkte sie, wie sich die Tür öffnete und ein hochgewachsener Mann aus dem Haus trat und die Tiere mit einer lässigen Handbewegung fortscheuchte.
Der Mann kniete nieder und legte einen Arm um Sandra. Seine Augen blitzten stolz und unergründlich.
„Haben Sie keine Angst mehr. Bei mir sind Sie in Sicherheit. Hier werden Ihnen diese Tiere nichts anhaben können."
Sandra seufzte und schloss erleichtert die Augen.
„Ich werde Sie für immer beschützen", flüsterte der Mann.
Dann stieß er seine Zähne in Sandras Kehle und trank ihr Blut – bis auf einige Tropfen, die er seinen Dienern als Belohnung für ihre erfolgreiche Jagd übrig ließ.

Erwachen

Liam Mac Suibhne hatte die Augen geöffnet und sah trotzdem nichts.
Es war dunkel um ihn herum.
Sein Kopf dröhnte.
Der Ire konnte sich nicht erinnern, was passiert war, wo er war.
Als er den Kopf bewegen wollte, ging das nicht.
Etwas klemmte zwischen seinen Zähnen. Er leckte daran und stellte fest, dass es ein Stein sein musste. Ein großer Stein, der ihn daran hinderte, den Mund zu schließen. Er leckte noch einmal über die raue Oberfläche.
Hier stimmte etwas nicht.
Liam hob die rechte Hand an, um den Stein aus seinem Mund zu nehmen. Zumindest versuchte er das. Denn seine Hand ließ sich nicht bewegen. Und auch die andere reagierte nicht, als er versuchte, sie zu bewegen. Beide Arme lagen wie gelähmt auf dem Boden. Ebenso wie seine Beine.
Wenn er den Stein nicht mit den Händen aus dem Mund bekam, dann eben mit der Zunge. Doch er merkte schnell, dass ihm das nicht gelang. Etwas blockierte den Stein in seinem Mund.
Liam konzentrierte sich. Jetzt spürte er die Feuchtigkeit vor seinem Gesicht. Es roch nach Erde. Feucht. Eigenartig lebendig und tot zugleich. Auch seine Stirn schien auf feuchter Erde zu ruhen. Offenbar lag er auf seinem Bauch.

Doch das stimmte nicht. Nur sein Kopf lag mit dem Gesicht nach unten, der Rest seines Körpers lag auf dem Rücken. Doch das konnte er nicht wissen. Schlimmer noch: Er konnte es nicht feststellen, denn er konnte sich nicht bewegen.
Doch er konnte fühlen. Und er fühlte einen tiefen Schmerz in seiner Brust, in seinem Herzen. Etwas schien sich hineinzubohren. Schien den Platz seines Herzens einzunehmen.
Vergeblich versuchte Liam erneut, seine Hände zu bewegen. Nichts. Er fluchte.
Auf seiner Brust schien eine schwere Last zu liegen. Mehrere Steine waren dort platziert worden. Ebenso wie auf seinen Armen und Beinen.
Aber auch hier spürte er nur den Druck. Woher dieser kam, konnte er nicht feststellen.
Dafür zuckte ihm ein anderer Gedanke durch den Kopf. Grausam, selbst für einen Mörder wie ihn, auf dessen Gewissen zahlreiche Menschenleben lasteten. Er lag in einem Grab.
Ja, so musste es sein. Er lag in einem Grab, daher roch es so stark nach Erde, war so feucht und kühl. Man hatte ihn lebendig begraben.
Das heißt, so ganz richtig war das nicht. Denn Liam lebte schon lange nicht mehr. Als ihn im Jahre des Herrn 1024 die Männer des Grafen nach langer Jagd endlich in seinem Versteck gefunden und überwältigt hatten, hatte er bereits seit einigen Jahrzehnten sein Dasein als blutsaugender Untoter, als Vampir geführt.
Er kannte die Rituale, mit denen er zu Grabe getragen

worden war. Sie hatten ihn auf dem Rücken in das Grab gelegt und seinen Körper mit einem Holzpfahl durch das Herz an die Erde geheftet. Dann hatten sie ihm Arme und Beine abgetrennt, schließlich den Kopf. Seine Körperteile waren mit Steinen beschwert worden, einen Stein hatten sie zwischen die Zähne geschoben, damit er nie wieder zubeißen konnte.
Sein Kopf lag mit dem Gesicht nach unten im Grab.
Und er wusste, dass er am Rande eines Friedhofs in geweihter Erde lag, mit einem Kreuz über sich.
Er hatte keine Möglichkeit, dieses Grab zu verlassen. Sein Körper würde ohne frisches Blut, ohne neues Leben von Menschen langsam zerfallen.

Liam schrie.
Doch kein Laut drang durch die Erde hinauf zu den Männern des Grafen, die gerade an seinem Grab ein letztes Gebet sprachen, bevor sie sich auf den Weg machten, um einen weiteren Vampir zur Strecke zu bringen.

Baobhan Sith

„Wir sollten hier übernachten. Die Lichtung ist gut, hier ist genügend Platz."
Sean machte eine ausholende Bewegung mit seinem rechten Arm.
Acair murrte. Seine Jagdkameraden beachteten es kaum. Acair murrte immer.
„Auf Lichtungen wird es nachts kälter als im Unterholz. Weil sich der Tau besser niederlassen kann. Also wird es auch nasser."
Connor, der älteste der Jäger und Anführer der Gruppe - auch wenn von den anderen niemand ihn so ansprechen oder bezeichnen würde -, nickte.
„Genau. Und deswegen bleiben wir hier auf der Lichtung und machen ein schönes großes Feuerchen. Das hält Kälte und Nässe fern und wird uns wärmen. Im Unterholz könnten wir keines entzünden."
Acair murrte erneut, sagte aber kein Wort mehr.
„Komm Acair, wir sammeln Feuerholz."
Ian, das jüngste Mitglied der Gruppe, wusste immer, wie er solch eine Situation retten konnte.
Er fasste Acair am Arm und zog ihn mit sich zurück in den Wald. Sean und Connor legten ihr Jagdgerät und ihre Bogen beiseite und begannen, mit Steinen eine Feuerstelle zu bauen.
Die Jagd war erfolgreich gewesen. Sie hatten eine ganze Reihe kleinerer Tiere - Vögel, Eichhörnchen, Kaninchen - erlegt. Die Tiere würden im Dorf ein

paar Münzen einbringen. Münzen, um Vorräte für den Winter zu kaufen.
Außerdem hatten sie einen stattlichen Hirschen erlegt, den sie noch vor Ort zerlegt und aufgeteilt hatten. Sein Fleisch sollte in den kommenden Wochen in ihren Hütten im Kamin hängen und geräuchert werden. Doch jetzt waren sie erst einmal froh, die schweren Beutel vom Rücken zu bekommen.
Nach und nach schichteten Ian und Acair einen für die Nacht ausreichenden Stapel Feuerholz neben den Steinen auf. Sean bereitete das Abendessen zu, zwei Kaninchen, aufgezogen auf einem Bratspieß. Dazu würde es Brot geben. Und einen ordentlichen Schluck Whisky. Von Connor selbst gebrannt. Jeder von ihnen trug zwei Trinkschläuche, einen gefüllt mit Wasser, einen mit Whisky. Letzterer würde sie von innen wärmen, da, wo das Feuer nicht hinreichte.

Das Feuer brannte. Satt, aufgewärmt und mit guter Laune saßen die Freunde auf zwei Baumstämmen um die Flammen herum.
Der erste Whiskydurst war gestillt, und Connor stimmte „Ae fond kiss“ an, dieses alte schottische Volkslied. Nach und nach fielen die anderen drei Männer in den Gesang mit ein. Das Lied stob mit den Funken des Feuers in den Himmel und schwebte durch die Nacht.
Ein weiteres Lied folgte, begleitet von einigen weiteren guten Schlucken Whisky. Dann noch ein Lied, und Ian sprang auf und begann damit, tanzend

über das Feuer zu springen. Seine Kameraden feuerten ihn an.
Mehr noch, Sean sprang ebenfalls auf und lieferte sich einen Wettkampf mit Ian.
Als sie sich völlig außer Atem wieder auf die Baumstämme setzten, traten vier junge Frauen vom Waldrand auf die Lichtung.
Sie trugen grüne Kleider. Die Farbe des Waldes. Die Farbe, die seit jeher für Geheimnis, Faszination und Unheil stand, wenn sie von schönen Frauen getragen wird. Und schön waren diese vier Frauen.
Ihre Augen leuchteten dunkel im Schein der Flammen. Volle Brüste zeichneten sich unter ihren Kleidern ab. Sie waren schlank, ihre langen Beine steckten in Stiefeln aus Pflanzenfasern. Lange Haare, mit Blumen geschmückt, fielen über ihre Schultern herab, und ihre Lippen waren voll und verführerisch. Einladend und zugleich fordernd.
Die vier Männer hielten den Atem an.
„Dürfen wir uns zu euch gesellen?“, fragte eine von ihnen.
Sean und Ian nickten. Connor machte eine einladende Handbewegung, mit der er die Frauen bat, ans Feuer heranzutreten.
Auch Acair konnte seine Augen nicht abwenden von den vier Frauen. Doch seine Faszination über ihre Schönheit wurde überdeckt von Angst.
„Baobhan Sith“, murmelte er.
Baobhan Sith - die verführerischen Vampirinnen des Waldes aus den uralten Legenden Schottlands.

„Baobhan Sith“, sagte er etwas lauter und sah einer der Frauen direkt in die Augen. Sie legte den Kopf in den Nacken und lachte, während sie den Mund öffnete und ihre makellosen weißen Zähne zeigte.
Sean, der neben Acair saß, stieß ihm mit dem Ellenbogen in die Seite.
„Also ich sehe da keine Reißzähne. Du etwa?“
Er grinste seinen Freund an. Bereits gefangen im Netz der Baobhan Sith. Acair schüttelte den Kopf. Nein, Reißzähne sah er nicht. Aber ihm war das Funkeln in den Augen der Frauen nicht entgangen, als er seine Freunde gewarnt hatte.
Eine der Frauen zog Sean von seinem Platz, um mit ihm im Feuerschein zu tanzen. Inzwischen war die Nacht vollkommen über sie hereingebrochen, zahllose Sterne standen am Himmel und ebenso viele Glühwürmchen wetteiferten mit den Flammen darum, wer heller leuchtete.
Die Musik des Waldes erwachte und vereinigte sich zu einem Orchester der Triumph- und Todesschreie, ausgestoßen von Jägern und Beute. Das Knistern des brennenden Holzes und das leise Flüstern der Baumwipfel untermalten die Melodie.
Connor, Sean und Ian waren wie gebannt. Sie konnten keinen klaren Gedanken fassen, wenn sie die Frauen ansahen. Acair wurde klar, dass seine Freunde nicht auf seine Warnungen hören würden.
„Seid auf der Hut. Legt eure Dolche nicht beiseite. Diese Frauen sind gefährlich. Sie sind Baobhan Sith. Kommt mit mir, wir suchen uns einen sicheren Unterschlupf.“

Während er das sagte, legte er seine Hand auf Connors Arm. Der schüttelte nur wortlos den Kopf. Acair erhob er sich, nahm seine Ausrüstung und wandte sich dem Waldrand zu.
Die Blicke der vier Frauen bohrten sich in seinen Rücken. Die Enttäuschung in diesen Blicken sah er nicht mehr.
Dann war er im Wald verschwunden.

Acair lief noch eine Weile durch den Wald, nutzte die alten Wildpfade und schlug immer wieder Haken durch das Unterholz. Er kannte da einen Baum, der sich in der Mitte des Baches, welcher durch den Wald floss, erhob. Diesen Baum wollte er besteigen, sich in den Ästen festbinden und wachend die Nacht verbringen. Das dichte Laubwerk würde ihn vor Blicken von unten schützen. Aber ob es auch ein Schutz gegen die Blicke der Baobhan Sith war? Er war sich nicht sicher.
Die aufgehende Morgensonne fand ihn schlafend im Geäst und küsste ihn wach. Wäre er nicht festge--bunden gewesen, dann wäre er vom Baum gefallen, bevor er festgestellt hatte, wo er sich befand.
„Baobhan Sith.“
Seine Gedanken waren sofort bei seinen Freunden, als er wach war.
Schnell, aber ohne gefährliche Hast, band er sich los, nahm seine Ausrüstung und kletterte vom Baum. Lief den Weg zurück zur Lichtung, auf der seine Freunde die Nacht verbracht hatten.

Das Feuer war heruntergebrannt. Die Asche schwelte noch leicht, und eine dünne Rauchfahne zog in den Himmel. An der Feuerstelle waberte die kalte Morgenluft, wenn sie auf die Hitze der Flammen stieß.

Es war ruhig auf der Lichtung. Selbst der Morgengesang der Vögel fehlte.

Die Frauen waren fort.

Connor, Ian und Sean lagen neben dem Feuer und schienen zu schlafen.

Doch Acair merkte gleich, dass etwas nicht stimmte. Sie hatten trotz der Morgenkälte keine Decken über sich gelegt. Ihre Haltung schien irgendwie unnatürlich für Schlafende.

Vorsichtig, den Waldrand mit den Blicken absuchend, trat Acair auf die Lichtung. Näherte sich dem Lagerplatz. Blieb immer wieder stehen, um Ausschau zu halten nach den Frauen, die vielleicht am Waldrand lauerten. Oder nach einem wilden Tier, das die Nacht über dort darauf gewartet hatte, dass das Feuer herunterbrannte.

Nichts regte sich im Unterholz. Auch seine Freunde, von denen ihn nur noch wenige Meter trennten, rührten sich nicht.

Dennoch ergriff ein seltsames Gefühl Besitz von Acair. Eine Mischung aus Hoffnungslosigkeit, Angst, Trauer.

Dann stand Acair am Feuer, blickte auf die Gefährten hinab.

Bleich, blutleer lagen sie im Gras. Kleine Wunden an

ihren Kehlen erzählten von dem, was hier in der Nacht passiert war.
Und auch ihre offenen, toten Augen erzählten davon, von ihrer Lust, die sich in den letzten Augenblicken ihres Lebens in dunkles Entsetzen verwandelt hatte, als die Männer erkannten, was nun auf dieser Lichtung mit ihnen passieren würde.
Als sie ihren eigenen Tod erblickten.
Acair schaute in diese toten Augen, sah direkt hinein in das Entsetzen, das von seinen Gefährten Besitz ergriffen hatte.
Ihre toten Augen blickten zurück.

Anmerkung: Die schottischen Baobhan Sith sind keine klassischen, untoten Vampirwesen, wie wir sie aus den anderen westlich geprägten Geschichten beispielsweise aus Serbien, Polen oder Deutschland kennen. Bei Baobhan Sith handelt es sich der schottischen Mythologie nach um eine Art weibliche Waldvampire, die eng verbunden sind mit ihrem Lebensraum. Sie tragen grüne Kleider, die Farbe des Waldes sowie von jeher die Farbe, die in Verbindung mit schönen Frauen als geheimnisvoll und verführerisch, aber auch Unheil bringend gesehen wird. Ihre Opfer sind Männer, die sich nachts im Wald aufhalten.

Für eine Handvoll Münzen

Elisabeth lachte, während sie sich einige ihrer langen schwarzen Haare wieder unter die Haube steckte. Sie sah bezaubernd aus, die junge Magd, die er in das Gasthaus eingeladen hatte. In eine der verräucherten Ecken, in die kaum Tageslicht vordrang, hatte sich das Paar gesetzt, auf die harte Holzbank an einem der mit Rändern von Bierkrügen und Weinbechern sowie Fettflecken übersäten Holztische.

„Nein, lass uns einen Platz suchen, wo wir ungestörter sind“, hatte er gesagt, als Elisabeth den ersten freien Tisch ansteuerte.

Sie hatte gekichert, das hübsche, aber arglose Ding.

Im Kamin der Schenke knisterte ein Feuer vor sich. Ein Stück Fleisch hing über den Flammen. Hin und wieder kam die Wirtin und drehte den Spieß oder schnitt ein Stück ab für einen der hungrigen Gäste. Richard sah sich in der kleinen Schenke um. Ein weiteres Paar hatte sich in eine der Ecken gedrückt, wahrscheinlich eine andere Magd mit dem Knecht des Hofes. Sie teilten sich einen Krug Wein. Mägde und Knechte hatten nicht viele Münzen in dieser Zeit, die sie in die Gasthäuser tragen konnten. Gerade flüsterte der Knecht ihr etwas ins Ohr, sie lachte leicht auf und legte ihm eine Hand auf ein Bein. Elisabeth hatte auch ihm eine Hand auf sein Bein gelegt. Richard lächelte.

Elisabeth verstand das ganz offensichtlich als Aufforderung, ihre Hand etwas höher wandern zu lassen.

Es störte ihn nicht, aber es erregte ihn auch nicht in der Weise, wie es die meisten anderen Männer erregt hätte. Sein Verlangen war anderer Art.
Außer dem Paar in der anderen Ecke der Schenke saßen noch drei einzelne Männer an den Tischen. Einer von ihnen hatte ganz offensichtlich die Menge Wein, die er vertragen konnte, schon in sich hinein geschüttet - und mehr. Seine Arme lagen ineinander verschränkt auf dem Tisch und darauf der Kopf. Er schnarchte. Richard konnte den sauren Geruch eines Trinkers wittern, der von ihm ausging.
Die anderen beiden Männer hatten ihm und Elisabeth nur einen kurzen Blick zugeworfen, als das Paar die Schenke betreten hatte. Sie würden sich kaum an Einzelheiten erinnern. Ein Fremder eben, groß, wahrscheinlich das erste Mal im Ort, würden sie sagen, wenn man sie fragen sollte.
Auf seinen Wink hin brachte die Wirtin einen weiteren Becher Wein. Richard hatte an seinem Becher bisher nur genippt. Er hatte Durst auf etwas anderes. Elisabeth hingegen hatte bereits zwei Becher geleert, hatte dankbar das seltene Angebot des großzügigen Fremden angenommen. Er wusste, dass sie bereit wäre, ihm alles zu geben, wenn er sich dafür erkenntlich zeigen würde.
„Trink, meine Schöne“, forderte er sie auf, als der Becher vor ihr stand.
Er war erst vor einer Stunde im Dorf eingetroffen. Eigentlich hatte er noch ein gutes Stück weiter auf seinem Pferd die staubige Straße entlangziehen wollen. Doch dann war ihm Elisabeth über den Weg

gelaufen. Oder besser gesagt, direkt vor das Pferd. Mit zwei Freundinnen hatte sie kichernd und schwatzend seinen Weg gekreuzt. Nur für einen Herzschlag hatte sie ihm einen Blick zugeworfen, hatte gelächelt und dann wieder den Kopf gedreht. In diesem Augenblick hatte er gewusst, dass er noch etwas länger in diesem Dorf bleiben würde.
Die Zügel seines Pferdes hatte er zusammen mit einer Münze einem Jungen in die Hand gedrückt.
„Versorge es gut und binde es anschließend am Wirtshaus an. Ich möchte es wohlbehalten dort vorfinden, wenn ich es wieder brauche.“
Dann war er Elisabeth gefolgt.
Natürlich hatte sie es schnell bemerkt. Richard hatte sich keine Mühe gegeben, seine Absichten zu verbergen. Warum auch? Nachdem sie ihn entdeckt hatte, hatte sie sich immer wieder umgeschaut und ihm lächelnd einen Blick zugeworfen. Und sie hatte ihre Schritte verlangsamt.
Schließlich hatte er sie eingeholt.
„Ich bin auf der Durchreise und möchte im Gasthaus etwas essen und trinken. Es wäre mir eine Freude, wenn du mir Gesellschaft dabei leisten würdest.“
Keine Frage. Auch kein Befehl, aber nicht weit davon entfernt.
Elisabeth griff ihren dritten Becher Wein und trank. Ihre Bewegungen dabei verrieten, dass Richard schon bald an seinem Ziel sein würde. Noch ein vierter Becher, dachte er.

Er selbst griff jetzt ebenfalls zu seinem Wein, leerte das Gefäß und winkte die Wirtin mit zwei gefüllten Bechern heran.
Er hatte Durst. Eine Art Durst, die dieser mit etwas Wasser gestreckte und für seinen Geschmack zu saure Wein nicht löschen konnte.
Sein Blick fiel auf Elisabeths Hals. Für den Ansatz ihrer Brüste, die durch das Lösen der obersten Schlaufen ihres Kleides für jeden anderen Mann zur Verlockung geworden waren, zeigte er dagegen kein Interesse.
Fasziniert verfolgte er, wie sie schluckte. Wie ihr der Wein die Kehle hinunterrann. Mit einer Fingerspitze folgte er dem Weg, erfreut, dass sie es geschehen ließ, ohne zu kichern oder zu zucken.
Als sie den Weinbecher absetzen wollte, hielt er sie zurück. Kippte den Kelch weiter an, bis er leer war. Sie schluckte alles, mit geschlossenen Augen. Ein Tropfen des roten Weins lief von ihren Lippen das Kinn hinab. Ein Vorbote dessen, wonach es Richard gelüstete.
Er küsste den Rebensaft von ihrem Kinn. Küsste ihre Wange. Seine Lippen fuhren weiter zu ihrem Hals. Sie ließ ihn gewähren.
Hauchte nur ein leises „Ja“ in den Rauch, der durch die Schenke waberte.
Als er das Zucken ihrer Halsschlagader spürte, öffnete er den Mund ein wenig. Kaum blitzten die Spitzen seiner Reißzähne im Kerzenlicht auf, da versenkte er sie bereits in Elisabeths Hals.

Sie seufzte, ihre linke Hand zuckte kurz. Ihr Herz schlug nicht mehr im gewohnten Takt, es trommelte, hämmerte immer wilder und pumpte Richard den roten Lebenssaft aus ihrem Körper entgegen.
Und er trank.
Gierig, aber zugleich vorsichtig. Seine Sinne waren nicht komplett auf den Genuss konzentriert. Er wusste um die Gefahr, hier in der Öffentlichkeit ein Opfer auszusaugen, und ein Teil seiner Sinne war auf diese Gefahr ausgerichtet. Und doch mochte er solche Situationen, liebte den Reiz der Entdeckung.
Richard trank.
Das Blut rann schließlich langsamer durch Elisabeths Körper. Ihr Atem wurde flacher, ihr Herzschlag war in ein dumpfes Pochen übergegangen. Ihre Augenlider flatterten. Ihre Hand verkrampfte sich.
Noch ließ Richard nicht ab von ihr. Er würde ein paar Tage nicht trinken. Wollte erst ein gutes Stück Weg zwischen diesem Dorf, zwischen Elisabeth und seinem nächsten Opfer bringen. Denn er wollte keine zu leicht zu verfolgende Spur hinterlassen. Deshalb wollte er jeden dieser köstlichen Tropfen aufnehmen, den er heute bekommen konnte.
Doch schließlich versiegte die Quelle.
Kraftlos und bleich lag Elisabeth in seinen Armen.
Vorsichtig, mit Respekt, denn sie hatte ihm ihr Kostbarstes gegeben, löste er sich von ihr. Legte sie mit dem Oberkörper auf den Tisch, so wie auch der Trinker zwei Tische weiter saß.
Dann zog er eines der roten Tücher aus einer Tasche seiner Jacke. Er hatte immer einen Vorrat von ihnen

dabei. Band eines von ihnen jeweils um den Hals seines Opfers, damit die Wunde nicht zu schnell entdeckt würde. Auch Elisabeths Tod dürfte erst spät entdeckt werden. Die Wirtin würde sie für eine Schlafende halten und erst wecken wollen, wenn sie die Schenke abschließen wollte. Bis dahin wollte er schon ein paar Meilen seines kommenden Weges hinter sich haben.

Als Richard durch den Schankraum ging, um die Schenke zu verlassen, drückte er der Wirtin ein paar Münzen in die Hand.

„Sie ist über ihrem Wein eingeschlafen. Lasst sie noch ein wenig ausruhen. Wenn sie aufwacht, bringt ihr bitte noch etwas Wein. Und wenn sie möchte auch Brot und Käse. Das hier dürfte dafür reichen."

Die Wirtin warf einen Blick auf das Geld in ihrer Hand und nickte, während sie die Münzen weiter betrachtete. Das und der breitkrempige Hut, der sein Gesicht im Schatten hielt, würden es auch ihr schwer machen, ihn näher zu beschreiben.

Vor der Schenke stieg er auf sein Pferd und ritt ohne Hast aus dem Dorf.

In der Schenke flackerte die Kerze auf dem Tisch leicht, an dem Elisabeth lag. Vielleicht war ihre Seele gerade an dem Licht vorbeigeflogen. Auch Elisabeth hielt eine Handvoll Münzen fest. Richard hatte sie ihr zwischen die Finger gedrückt, nachdem sie die Augen für immer geschlossen hatte.

„Für eine angemessene Beerdigung. Und als Lohn für das, was du mir gegeben hast", hatte er ihr noch zärtlich ins Ohr geflüstert.

Der Mönch mit der Axt

Schottland im 12. Jahrhundert. Irgendwo im rauen Norden.

„Der Herr hat ihn zu sich genommen."

Bruder Idungus schlug ein Kreuz.

Vor ihm lag Bruder Albericus auf der Pritsche seiner kleinen Zelle.

Er war tot.

Auch Bruder Gregorius schlug ein Kreuz.

Trauer war in seinen Augen nicht zu lesen. Es fand sich wohl keiner unter den Brüdern, der nicht Erleichterung empfand über das Ableben von Bruder Albericus. Dazu hatte er zu viele Sünden begangen, hatte den Orden in Verruf gebracht mit seinen Ausschweifungen.

Regelmäßig hatte der 60-Jährige die gemeinsamen Gebete verpasst, weil er im Dorf den Frauen nachgestellt hatte. Junge Mädchen, Ehefrauen, Witwen - Ausnahmen hatte er nur gemacht, wenn eine Frau besonders hässlich war.

„Der Herr sei ihm gnädig", sagte Gregorius.

Dann griff er beherzt die Beine des Toten. Bruder Idungus seufzte und fasste Bruder Albericus unter die Arme. Es dürfte ein gutes Stück Arbeit werden, den mehr als 100 Kilogramm schweren Mönch durch das halbe Kloster in den Innenhof zu tragen, selbst für zwei so starke Brüder wie Gregorius und Idungus.

Doch es musste sein.

„Sein Herz hat das viele Essen und den vielen Wein wohl doch nicht mehr vertragen.“

„Über Tote spricht man nicht schlecht“, wies Gregorius seinen Bruder zurecht.

Schließlich hatten sie die Leiche mit mehreren Zwischenstopps bis in den Innenhof getragen. Nach einer kleinen Verschnaufpause wuchteten die beiden Mönche ihren Ordensbruder auf den kleinen Handkarren, der im Hof stand. Gemeinsam zogen sie das Gefährt zu dem kleinen Klosterfriedhof.

Dort hatten sich die restlichen Brüder des kleinen Klosters versammelt. Neben Abt Columban standen noch acht weitere Mönche. Sie hatten zuvor das Grab für Albericus auf dem Totenacker ausgehoben, auf dem erst wenige Kreuze standen. Das Kloster war erst vor rund 50 Jahren gegründet worden. Columban und Albericus waren bereits wenige Tage nach der Gründung von ihren Eltern dem Orden übergeben worden. Und während Columban sich mit Fleiß, Demut und vielen Gebeten zum Abt emporgearbeitet hatte, hatte Albericus von Beginn an gegen die Ordensregeln verstoßen. Seinen Freund aus den ersten Tagen des Klosters verweisen wollte Columban aber dennoch nicht, nachdem er das Amt des Abtes angenommen hatte.

Zwei der Brüder traten an den Karren heran und halfen Idungus und Gregorius dabei, den Toten vom Karren zu heben und in das Grab hinabzulassen.

„Vater unser...“, begann der Abt das einzige Gebet, welches an diesem Tage an diesem Grab gesprochen werden sollte.

Nachdem er fertig war, begannen die Brüder, das Grab mit Erde zu füllen. Idungus stelle ans Kopfende des kleinen Hügels schließlich ein schlichtes Holzkreuz mit dem Namen, dem Geburtstag sowie dem Namenstag des Bestatteten auf.

Abt Columban musterte die Frau, die vor ihm stand, eingehend. Er kannte sie gut, sie war eine der Dorfbewohnerinnen, die regelmäßig die Messen in der kleinen Klosterkirche besuchten. Mehrmals im Jahr nahm der Abt ihr die Heilige Beichte ab, kleine Vergehen waren es, die sie jedes Mal gestand. Ein verpasstes Abendgebet beispielsweise, wenn sie müde von der harten Arbeit am Küchentisch eingeschlafen war. Oder ein wohlwollender Blick auf ihren Nachbarn, einen jüngeren Mann.
Der Abt kannte all diese Geheimnisse von den meisten der Menschen im Ort. Und er kannte die Legenden über Menschen, die es im Leben nicht so genau nahmen mit den Gesetzen Gottes und daher als Wiedergänger ihr Grab verließen. Er sah keinen Grund, dieser Frau nicht zu glauben.
„Du hast also Bruder Albericus gesehen?“
Sie nickte.
„Wann?“
„In der Nacht.“
Da hätte der Bruder eigentlich bereits drei Tage und Nächte in seinem Grab liegen sollen.
„Und du bist sicher, dass er es war? Kein anderer Bruder?“
Bestimmt schüttelte sie den Kopf.

„Nein. Kein anderer Bruder ist so...“
Sie suchte nach einem passenden Wort.
„Wohlgenährt?“, half ihr der Abt.
Sie nickte.
„Ja. Und so zudringlich“, ergänzte sie leise.
Jetzt nickte Columban.
„Ich werde mich darum kümmern.“
Mit einer knappen Handbewegung entließ er die Frau. Mit einer weiteren Handbewegung holte er Bruder Idungus heran, der in einer dunklen Ecke des Raumes gesessen und stumm das Gespräch verfolgt hatte.
„Wir werden heute Nacht alle auf dem Friedhof wachen. Ich möchte sehen, ob Bruder Albericus wirklich sein Grab verlässt. Bereite alles vor.“
Gerne hätte Abt Columban diese Aufgabe einem der jüngeren Brüder überlassen. Doch er war der Abt, war verantwortlich für das Kloster und für seine Brüder. Und keiner der anderen Klosterbewohner hatte das Wissen und den festen Glauben, um einen Kampf mit einem Wiedergänger zu bestehen.
„Herr, sei bei mir, damit ich diesen Kampf bestehen kann“, betete der Abt erneut.

Seine Brüder hatten im Laufe des Tages rund um das Grab kleine Rinnen ausgehoben und mit Fellen ausgelegt. Kurz vor Einbruch der Dunkelheit hatten sie diesen Ring mit Weihwasser gefüllt - ein Schutzgraben wie bei einer Burg, nur dass diesmal der Feind im Innern gehalten werden sollte.

Der Abt zweifelte daran, dass diese Maßnahme etwas bewirken würde. Offenbar hatte Bruder Albericus keine Probleme damit, sich aus der Erde eines Grabes auf einem geweihten Friedhof zu wühlen. Warum sollte ihn da Weihwasser aufhalten?
Aber seine Brüder brauchten etwas Hoffnung. Und sie brauchten etwas, um aktiv mitzuarbeiten.
Schließlich hatte die Nacht den Tag verdrängt. Der herbstliche Wind griff mit kalten Fingern nach seinen Knochen, und der Abt war froh darüber, ein zusätzliches Gewand übergezogen zu haben.
„Er kommt."
Bruder Idungus wies auf das Grab Bruder Albericus´. Sein Gesicht war bleich, seine Hand zitterte.
Und wahrhaftig. Eine Hand, noch bleicher als die von Bruder Idungus und mit widernatürlich langen Krallen, bohrte sich durch den Grabhügel. Die zweite Hand folgte, dann beide Arme, schließlich richtete sich in einem Schwung der gesamte Oberkörper des verstorbenen Mönches auf.
Abt Columban betete.
Dann griff er beherzt nach der Axt, die neben ihm an eines der Holzkreuze gelehnt war, und trat dem Untoten, seinem Bruder, entgegen.
Die anderen Mönche schlichen zögerlich heran, betend, mit vor Grauem geweiteten Augen. In ihren Händen hielten sie Kreuze, Behälter mit Weihwasser, Rosenkränze. Bruder Bendict hatte eine Bibel aufgeschlagen und zitierte Verse daraus. Langsam, zögerlich bildeten sie einen Kreis um Bruder Albericus.

Der fuhr mit einem Fauchen aus seinem Grab heraus und stürzte sich auf Bruder Gregorius, der ihm am nächsten stand. Mit einem Hieb seiner Krallen zerfetzte der Wiedergänger dem Mönch die Brust, bevor er seine Zähne in dessen Hals bohrte, um sich mit dem Blut des Unglücklichen zu stärken.
Mit einem „Vater unser" auf den Lippen war der Abt heran, holte weit aus und hieb Bruder Albericus die Axt in den Schädel.
Wie vom Blitz gefällt stürzte der zu Boden.
„Schnell!"
Die Brüder wussten, was sie jetzt zu tun hatten. Der Abt hatte es ihnen eingeschärft, wieder und wieder hatte er sie den Tag über seinen Plan wiederholen lassen, sie ermahnt, wenn sie Fehler machten. Ihnen die Hölle versprochen, wenn es ihnen nicht gelingen sollte, Bruder Albericus zu überwältigen.
Und nun, zu schockiert über diese Vorgänge, um darüber nachzudenken, funktionierten sie einfach nur.
Weihwasser tropfte auf den Untoten und verdampfte zischend und qualmend, schmerzende Wunden auf seinem Körper hinterlassend. Vier Brüder stürzten sich auf die Arme und Beine und schlangen Rosenkränze darum.
Bruder Bendict hatte die Bibel gegen einen Holzpfahl eingetauscht, den er am Gürtel getragen hatte. Mit diesem Pfahl in der Hand kniete er nun über dem Untoten. Setzte die Spitze über dem Herzen Bruder Albericus´ an. Und Abt Columban versenkte mit einem einzigen Schlag des stumpfen Endes seiner

Axt das Holz in der Brust des Wiedergängers. Mit einem Seufzen erschlaffte der.
„Weiter, Brüder. Es ist noch nicht vollbracht."
Der Abt griff selbst zu einer der Schaufeln, die sie in Nähe des Grabes bereitgelegt hatten. Schnell war das aufgewühlte Grab erneut ausgehoben, das Entsetzen verlieh den Brüdern ungeahnte Kräfte. Sogar der alte Joseph warf eine Schaufel Erde nach der nächsten auf den wachsenden Erdhaufen neben dem Grab.
Schließlich zogen sie mit vereinten Kräften Bruder Albericus - oder besser gesagt das, was aus ihm geworden war - in die Grube.
„Achtet darauf, dass der Pfahl in seiner Brust bleibt."
Der Abt stand über dem Totenloch und leuchtete seinen Brüdern mit einer Laterne.
„Gut so", sagte er, als der Untote richtig lag.
Dann kletterte er selbst hinunter, vorsichtig, um nicht auf den Leichnam zu treten oder gar auf ihn zu fallen.
„Gib mir den Spaten, Bruder Edan."
Der tat, wie ihm geheißen.
„Vater unser..."
Mit lauter Stimme sprach Abt Columban sein Gebet, als er kraftvoll den Spaten nach unten stieß und den Kopf von Bruder Albericus von dessen Körper trennte.
Seine Brüder hatten Steine herangeschafft, mit denen sie den Körper des Untoten beschwerten. Einen der Steine klemmte der Abt zwischen die Zähne des Bruders, bevor er den Kopf mit dem Gesicht nach unten in das Erdreich drückte. So sollte er die

Orientierung im Grabe verlieren, falls er erneut erwachen sollte.

Bruder Wilbalt und Bruder Edan reichten dem Abt schließlich die Hände, um ihn aus dem Grab zu ziehen. Ein paar Kreuze, eine Bibel, Rosenkränze wurden in die Grube geworfen. Gemeinsam, stumm, schaufelten die Mönche das Grab wieder zu.

„Niemand darf je davon erfahren."

Abt Columban blickte seine Brüder eingehend an.

Einige nickten.

„Gut. Dann wollen wir jetzt Bruder Gregorius bestatten. Wir brauchen noch ein paar Steine und Kreuze und einen weiteren Pfahl. Nur als reine Vorsichtsmaßnahme. Möge Gott seiner Seele gnädig sein."

Überraschender Besuch

„Sollten wir die Taschenlampe nicht lieber ausmachen?“

Paul zitterte. Seine Angst war förmlich zu riechen.

„Nein. Sie schläft, weil die Sonne gleich aufgeht. Es besteht keine Gefahr.“

Paul atmete tief durch. Wenn John sagte, es bestand keine Gefahr, dann bestand auch keine. John kannte sich aus mit Vampiren. Schließlich hatte er seinem eigenen Vater einen Pflock ins Herz gestoßen, nachdem dieser von einer Vampirin gebissen worden war.

Fast zwei Jahre hatten die beiden Brüder nach der Vampirin gesucht. Und jetzt hatten sie auf diesem Friedhof, in dieser Gruft die Mörderin ihres Vaters aufgespürt.

„Leuchte mal.“

Johns Stimme riss ihn aus seinen Gedanken. Paul leuchtete auf das Schloss, das sein Bruder gerade untersuchte.

„Es ist offen. Wir können problemlos rein.“

Langsam schlichen sich die beiden Brüder in die Gruft. Paul fasste den Holzpflock in seiner Hand fester. Er schwitzte. Die Kleidung klebte ihm am Körper, obwohl diesem aufziehenden Frühlingsmorgen noch die kühlen Reste des vergangenen Winters anhafteten.

Unter ihren Füßen knirschte der Sand. Der Strahl der Taschenlampe kroch zitternd über die Wände der steinernen Totenkammer, riss die zahllosen lebenden Bewohner der Gruft – Spinnen, Gewürm, ein paar Mäuse – aus ihrer immerwährenden Nacht und schlich sich über die Ruhestätte der nicht mehr lebenden Bewohnerin.

Die beiden Männer standen neben dem Sarg.

„Endlich. Jetzt werden wir Vater rächen."

John atmete schwer.

„Fass mit an."

Gemeinsam schoben sie den Deckel zur Seite, bis dieser Übergewicht bekam und polternd zu Boden fiel. Vor ihnen lag eine schöne Frau in moderner Kleidung, jung von den Gesichtszügen her, doch musste sie mehr als 200 Jahre alt sein nach dem, was die Brüder während ihrer Suche erfahren hatten. Die Frau schien zu schlafen, nichts ließ erkennen, dass sie tot sein könnte. Und nichts ließ erkennen, dass sie sich Nacht für Nacht aus diesem Sarg erhob, um zu jagen.

„Gib mir den Pfahl", flüsterte John heiser.

Paul reichte ihm den Pfahl wortlos und ohne den Blick vom Gesicht der Frau im Sarg zu lösen.

„Ist sie das?"

„Sie muss es sein. Du hast doch selbst gehört, was der Priester gesagt hat."

Paul nickte.

„Geh ein Stück zurück."

Während Paul vom Sarg zurücktrat, setzte John den Pfahl mit der Spitze auf die Brust der Frau, hob den Hammer - und schlug zu.

Mit einem markerschütternden Schrei bäumte sich die Frau auf, die Augen vor Entsetzen aufgerissen. Aus der Wunde in ihrer Brust schoss das Blut.
Und es tropfte von Johns Hand, die den Pfahl gehalten hatte. Keuchend stand John neben dem Sarg, starrte auf den Todeskampf seines Opfers – bis ihn ein Fauchen hinter seinem Rücken aus der Erstarrung riss.
John drehte sich langsam um. Wie in Zeitlupe nahm sein Hirn auf, was er sah. Paul lag am Boden, aus seiner Kehle floss ein kleines rotes Rinnsal. Über ihn beugte sich eine weitere Frau, von deren spitzen Eckzähnen Blut tropfte.
Johns Augen tauchten in ihre Augen ein, sein eigener Wille ertrank in ihnen.
„Ihr habt mein heutiges Nachtmahl getötet. Dafür werde ich mich jetzt an euch satttrinken. Von deinem Bruder habe ich ja bereits gekostet, wie damals von eurem Vater. Jetzt bist du an der Reihe."

Blutrose

„Hey, Josef! Wirf mal ein Bier rüber!"
Josef griff hinter sich und angelte eine der Bierdosen aus der Tasche, die auf dem Grab lag, auf dessen Namensstein er hockte. Der Marmor war angenehm kühl bei dieser Sommerhitze, und der Stein war flach und breit, so dass er bequem darauf hocken konnte. Der 17-Jährige holte aus und warf Milan die Dose zu. Sie landete auf dem Grab, neben dem Milan auf dem Rasen lag.
„Du hast auch schon mal besser geworfen!"
Statt zu antworten, grinste Josef nur. Natürlich hatte er schon mal besser geworfen, aber da war er auch nüchtern gewesen. Aber wenn er es drauf anlegte, konnte er auch betrunken gut werfen. Er schluckte den Rest Bier aus seiner Dose, drückte sie zusammen und visierte den Mülleimer an, der in einiger Entfernung neben dem Weg stand.
Die Dose knallte scheppernd gegen einen der Grabsteine, ein gutes Stück vom Mülleimer entfernt. Milan und Fela und die anderen lachten. Josef grinste weiter, während er Felas Blick suchte. Er brauchte noch zwei oder drei Bier, um genug Mut zu haben, sie anzusprechen. Aber er musste auch aufpassen, dass er dann noch dazu in der Lage war. Und er musste aufpassen, dass Milan ihm nicht zuvorkam.
Einen Moment schaute er verträumt in die untergehende Sonne. Er genoss diese Sommerabende mit

seinen Freunden, aber noch mehr würde er sie mit Fela im Arm genießen.
Josef griff erneut hinter sich und nahm sich selbst eine der Dosen aus der Tasche. Milan schleppte sich inzwischen auf allen Vieren zu dem Grab, auf dem seine Bierdose lag. Einen Moment starrte Josef auf die knochigen Hinterbacken und verspürte Lust, Milan einen gehörigen Tritt zu verpassen. Einfach nur so, damit sein bester Freund die Finger von Fela ließ. Josef grinste noch etwas breiter.
Sein Grinsen erstarb, als er Milan schreien hörte. Schlagartig war Josef wieder nüchtern.
Auch die anderen Mitglieder der Gruppe hatten den Schrei gehört und blickten entsetzt zu Milan hinüber. Der lag am Boden und hielt sich mit der linken Hand die rechte, die blutüberströmt war. Sein Gesicht war schneeweiß. Er zitterte am ganzen Körper. Das Blut lief ihm in dicken Bahnen die Hand entlang am Arm hinunter.
Josef sprang vom Grabstein und rannte das kurze Stück zu Milan. Zeitgleich mit Fela kam er an, ließ sich wie sie neben seinem Freund auf die Knie fallen. Auch die anderen hatten den Schreck überwunden und bildeten einen Kreis um die Dreiergruppe am Boden.
„Verdammt, ich hab mich an dem Steinding da gestochen“, jammerte Milan und zeigte auf eine steinerne Blume auf dem Grab.
Josef warf einen Blick auf den Stein und wollte sich schon wieder seinem Freund zuwenden, als er stutzte. Das war kein Stein.

Vorsichtig kroch er ein Stück näher heran. Vor ihm lag eine Blume, eine Rose. Eine uralte, verdorrte, trockene Rose, die jetzt in Blut badete. In Milans Blut.
Und sie veränderte sich.
Langsam nahm ihre Blüte einen zarten Rotton an, der immer voller wurde. Der Stiel färbte sich grün, die Blätter ebenfalls. Sie rollten sich auf, wurden saftig und geschmeidig wie die Blätter der Blüte. Die Rose schien das Blut regelrecht aufzusaugen.
„Sie verändert sich."
„Was hast du gesagt?"
„Ich sagte, sie verändert sich. Das ist kein Stein, das ist eine Rose."
„Es ist mir egal, was es ist. Ich brauche hier deine Hilfe, Josef. Milan verändert sich auch."
Josef fuhr herum. Er sah nackte Angst in Felas Augen.
Milan wälzte sich am Boden, sein Körper zuckte unkontrolliert. Er hatte die Augen, in denen nur das Weiße zu sehen war, weit aufgerissen. Sein Gesicht wirkte noch eingefallener als sonst, die ehemals schwarzen Haare hatten einen fahlen Grauton angenommen. Seine Fingernägel wurden zu Krallen. Er alterte.
Plötzlich richtete sich Milan auf. Ein dünner Blutfaden lief aus seinem Mundwinkel. Geschmeidig sprang der sonst eher unsportliche 16-Jährige aus dem Sitz heraus auf die Beine. Milan warf den Kopf in den Nacken und stieß ein wildes Lachen aus. Er riss Fela hoch, warf sie sich über die Schulter und

drängte aus der Gruppe. Mit einem einzigen Hieb seiner krallenbewehrten Hand zerfetzte er einem seiner Freunde, der sich ihm in den Weg stellen wollte, den Brustkorb.

Josef kam erst wieder zu sich, als er Milans wildes Lachen erneut hörte, ausgestoßen in weiter Ferne.

Drei Tage waren seit dem Vorfall auf dem Friedhof vergangen. Vaclav, dem Milan den Brustkorb zerfetzt hatte, war nach einem grausamen Todes-kampf gestorben. Von Milan und Fela fehlte jede Spur.

Josef stand an dem Grab, an dem alles begonnen hatte. Er starrte auf die Rose hinab. Leuchtend, frisch lag sie dort, als wäre sie gerade erst gepflückt worden.

Er versuchte, die verwitterte Inschrift des Grabsteins zu lesen. „Hier scheiden sich Licht und Hoffnung von Dunkelheit und Einsamkeit. Hier liegt meine geliebte Vesna sicher vor meiner Sehnsucht“. Weder Geburts- noch Todestag. Kein Nachname, kein Hinweis auf den Hinterbliebenen.

„Josef.“

Ein Flüstern nur, aber er hatte es gehört. Josef erstarrte. Er erkannte Milans Stimme, auch wenn sie verzerrt klang.

„Josef, lauf nicht weg. Ich brauche deine Hilfe.“

„Wo bist du?“

Wie aus dem Nichts stand Milan plötzlich neben seinem Freund. Josef zuckte zusammen. Milan sah aus, als käme er direkt aus dem Reich der Toten.

Eisige Kälte umgab ihn. Seine Kleidung war zerfetzt, dreckig.
„Ich habe Fela nichts getan."
Er wandte sich Josef zu.
„Diese Rose lebt von meinem Blut. Sie hat mein Blut aufgesaugt und mich durstig zurückgelassen. Josef, ich habe Menschen getötet und ihr Blut getrunken, aber der Durst vergeht nicht. Wenn ich Fela ansehe, dann weiß ich, dass ihr Blut meine Sehnsucht stillen kann. Aber ich kann sie nicht anrühren. Ich liebe sie, Josef."
Er blickte seinem Gegenüber tief in die Augen.
„Und jetzt bist du hier, um mein Blut zu trinken, nicht wahr?"
„Nein. Ich bin hier, weil du mir helfen sollst."
„Wie?"
Milan schüttelte fast unmerklich den Kopf und starrte die Rose und den Grabstein an.
„Das weiß ich nicht."
Josef überlegte einen Moment.
„Zu einem Arzt können wir nicht gehen. Ich glaube nicht, dass dir einer von ihnen helfen könnte, aber garantiert verraten sie dich an die Polizei."
„Was schlägst du also vor?"
„Deine..."
Josef warf einen schnellen Blick auf Milan.
„Deine Krankheit hat was mit der Rose zu tun, schätze ich. Da sollten wir anfangen. Was meinst du, sollen wir zur alten Zigeunerin gehen?"
Ein zynisches Grinsen spielte um Milans Mund.

„Du meinst die Alte, die wir immer beschimpfen und verspotten, wenn wir sie sehen? Und vor der wir eigentlich trotzdem mehr Angst haben als vor unseren prügelnden Vätern?“
„Ja.“
Milan drehte sich um und ging zum Friedhofstor.
„Dann los. Was ist, worauf wartest du?“

Die Hütte der alten Zigeunerin lag einige Meter vom Ortsrand entfernt. Dieses Stück der Straße war nicht gepflastert, es war lediglich eine in Jahrhunderten ausgefahrene Lehmpiste. Die Hütte war mindestens so alt und hässlich wie die alte Zigeunerin. Niemand kannte ihr wahres Alter. Wahrscheinlich kannte sie es selbst nicht.
Einen Moment blieben die beiden jungen Männer vor der Hütte stehen. Josef erinnerte sich an die Geschichten, die sich im Ort über die Alte erzählt wurden. Sie soll dem Gründer der Siedlung vor mehr als tausend Jahren abgeraten haben, sich hier nieder zu lassen. Damals schon sollen sie und ihre Hütte steinalt gewesen sein.
Plötzlich ging die Tür auf. Die Alte kam heraus. Josef fiel ihr Namen wieder ein. Sie hieß Marikanini.
„Wollt ihr nun reinkommen, oder soll ich den Rest des Tages Angst haben und mich fragen müssen, ob ihr einen Rat braucht oder nur Halunken seid, die eine arme alte Frau überfallen wollen?“
Sie ging ins Haus zurück, die offene Tür wirkte einladend und abschreckend zugleich. Milan verneigte sich vor Josef und ließ ihm den Vortritt.

In der Hütte war es duster, Tageslicht drang nur durch einige Ritzen in den Holzwänden und im Dach hinein, wurde aber schnell von der Dunkelheit und den Staubwölkchen aufgesogen, welche die Alte aufwirbelte, wenn sie sich bewegte. Das Zimmer war, abgesehen vom Staub, erstaunlich sauber. Fast enttäuscht stellte Josef fest, dass er keine Spinnennetze sah. Auch andere Tiere gab es offenbar nicht, weder lebende, noch tote. Die Alte saß an einem Tisch, an dem zwei weitere noch freie Stühle standen. Milan und Josef setzten sich. Dann begannen sie, der Alten ihre Geschichte zu erzählen.

Es war still im Raum, nachdem die beiden ihre Erzählung beendet hatten. Eine Weile blickte die Alte schweigend zwischen Milan und Josef hin und her.
„Vor etwa 500 Jahren wurde unser Ort von Graf Termecz regiert. Der Graf stammte aus einer alten Vampirfamilie, die vor Urzeiten aus den Tiefen Asiens immer weiter nach Europa vordrang. Glaubt ihr an Vampire?“
Milan und Josef blickten sich kurz an. Seit einigen Tagen glaubten sie an fast alles. Sie nickten. Die Alte erzählte weiter.
„Der Graf traf auf einem seiner, nennen wir es Jagdausflüge, hier in Miklosvar auf ein junges Mädchen. Sie war jung, unglaublich schön, und der Graf verliebte sich in sie. Das Mädchen hieß Vesna.“
„Die Frau in dem Grab...“
„Ja. Die Frau in dem Grab. Am nächsten Abend kam der Graf ins Haus der Familie und hielt um Vesnas

Hand an. Es war eine rauschende Hochzeit, mit der die Probleme begangen."
„Was für Probleme?"
Die Alte sah Josef herablassend an.
„Ich schreibe deine Ungeduld deiner Jugend zu, um die ich dich seit einigen Jahrzehnten allerdings nicht mehr beneide. Lass mich einfach erzählen, deine Fragen werden sich von selbst beantworten."
Und die Alte entführte ihre beiden Zuhörer in die Vergangenheit.

Ruhelos wanderte der Graf durch den Raum. Sein Berater beobachtete ihn mit besorgtem Blick.
„Vesna altert. Sie ist noch immer so schön wie bei unserer Vermählung, doch ihre Tage verrinnen. Was soll ich tun?"
„Macht sie zu einer der Euren."
Der Graf fuhr herum.
„Das kann ich nicht! Ich kann sie nicht verletzen, und ich kann sie nicht in die ewige Sehnsucht nach Blut und - falls mir etwas zustoßen sollte - in die ewige Einsamkeit stürzen."
Graf Termecz blieb an einem der mit wertvollen Stoffen dicht abgehängten Fenster stehen, schob den Vorhang beiseite und blickte in den winterlichen Abend.
„Seit Vesna meine Frau ist, habe ich kein Blut mehr getrunken. Ich spüre, wie auch ich altere, wie meine Kräfte nachlassen. Doch mein Sterben wird noch Jahrzehnte dauern, wenn Vesna längst zu Grabe getragen worden ist."

Abrupt wandte er sich um und blickte seinem Berater in die Augen.
„Gebt mir ein Versprechen. An dem Tag, an dem Vesna zu Grabe getragen wird, werdet Ihr mich töten.“
„Ich war Euch immer ein treuer Diener, Graf. Ich werde versuchen, Euch auch diesen letzten Wunsch zu erfüllen. Aber gebt auch mir ein Versprechen. Wenn ich es angesichts unserer Freundschaft nicht kann, dann verschont mich.“
Ein leichtes Lächeln umspielte die Lippen des Grafen.
„Es gilt. Aber angesichts unserer Freundschaft habe ich keine Bedenken, dass Ihr mir meinen Wunsch nicht erfüllen werdet.“

Es vergingen noch Jahre, die der Graf und seine geliebte Vesna gemeinsam verbrachten. Obwohl Graf Termecz in den Jahren kein Menschenblut mehr getrunken hatte und er fast unmerklich erste Anzeichen seiner eigenen Sterblichkeit feststellte, bereute er seinen Entschluss nie.
Dann starb Vesna. Die Trauer im Ort war groß. Vesna hatte sich um die Armen gekümmert, zu gut hatte sie sich an ihre eigene Herkunft erinnert. Und der Graf wurde verehrt, da er aus Liebe zu ihr seinem Vampirdasein abgeschworen hatte.
Das ganze Dorf nahm in der kleinen Friedhofskapelle Abschied von der Gräfin. Bei der Bestattung standen nur Graf Termecz und sein Freund neben dem Grab.
„Denkt an Eurer Versprechen, Jaroslaus.“

Jaroslaus nickte.
„In meinem Arbeitszimmer liegen meine letzten Anweisungen. Das Anwesen und eine Summe Geld, die Euch ein sorgenfreies Leben ermöglichen dürfte, habe ich Euch überschrieben. Die restlichen Besitztümer sollen an die Dorfbewohner verteilt werden. Ihr findet in den Unterlagen auch Anweisungen für meine Bestattung und für den Grabstein, der auf Vesnas letzter Heimat stehen soll."
Der Graf legte eine langstielige Rose auf den frischen Grabhügel. Er zuckte kurz zusammen, als er sich an einem der Dorne stach. Ein blasser Tropfen Blut schimmerte auf der Pflanze.

Josef hatte jegliches Zeitgefühl verloren. Draußen war es inzwischen dunkel geworden.
„Dann habe ich mich mit dem Blut des Grafen infiziert, als ich mich an der Rose gestochen habe, und bin dadurch zum Vampir geworden", murmelte Milan bestürzt.
Hilfesuchend blickte er von Josef zur Zigeunerin.
„Was mache ich jetzt?"
„Du wirst dein Leben als Vampir fristen. Wenn du Fela wirklich liebst, wirst du ihr nichts tun können. Vergiss nicht, du hast Graf Termecz´ Blut in deinen Adern. Ich kann dir keinen Rat geben, nur den einen: Geschichte wiederholt sich immer wieder. Du weißt, was der Graf getan hat."
Nachdenklich hatten sich die beiden Freunde auf einen umgestürzten Baum in Nähe der Hütte der alten Zigeunerin gesetzt.

„Würdest du mich auch töten können?“
Entsetzt blickte Josef seinen Freund an.
„Nein, ich glaube nicht. Aber hier bleiben kannst du auch nicht. Die Polizei sucht dich. Du hast Menschen getötet. Sie werden dich einsperren.“
„Die werden sich wundern, wenn der gute alte Milan nach zweihundert Jahren das erste Mal um Begnadigung bittet.“
Er lächelte traurig.
„Ich weiß noch nicht genau, was ich machen werde. Vorerst werde ich für eine Weile verschwinden. Es soll Länder geben, da dürften selbst vorbestrafte Vampire untertauchen können. Und dann sehe ich mal weiter. Zeit zum Nachdenken habe ich ja mehr als genug. Vampire sind schließlich fast unsterblich.“
Milan erklärte Josef noch, wie er Fela finden konnte. Sie fielen sich zum Abschied kurz in die Arme. Dann wandte sich Milan wortlos ab und verschwand im nahe gelegenen Wald.

Jahre später las Josef von einem Menschen, der in Südamerika von einer aufgebrachten Menge getötet worden war, weil er angeblich Menschenblut getrunken hatte. Er erzählte seiner Frau Fela nie davon. Auch, dass er die Rose noch in der Nacht des Abschieds von Milan von Vesnas Grab genommen hatte und sicher verwahrte, blieb sein Geheimnis.

Nachzehrer

Die kleine Trauergemeinde stand am Grab von Heinrich, dem Schmied. Seine Frau, seine sechs Kinder, ein paar Männer, die sich dem Toten verpflichtet fühlten.
Es ging kaum ein Windstoß über das Totenfeld. Die frisch ausgehobene Grube atmete das Aroma frischer Erde aus. Das Laub des vergangenen Jahres reicherte diesen Geruch mit einem Hauch Fäulnis und Vergänglichkeit an. Ein Rabe krächzte. Der Toten-gräber stand etwas abseits und stierte auf einen Regenwurm, der sich beim Ausheben des Grabes auf den Spaten verirrt hatte.
Auch der Pfarrer war dort, obwohl der Schmied Selbstmord begangen hatte. Doch die Aufgabe des Geistlichen bestand nicht darin, eine würdevolle Bestattung zu leiten. Im Gegenteil. Er sollte sicherstellen, dass dem Toten nicht zu viel Ehre zuteil wurde. Denn dieser hatte gegen die Gesetze Gottes verstoßen.
Magdalena, die Witwe, verharrte mit versteinertem Gesicht neben der Totengrube. Sie zog ihr Tuch fester um die Schultern, denn trotz der Frühlingssonne fror sie.
Die Kinder weinten. Sie konnten nicht verstehen, wieso ihr Vater solch eine Sünde begangen hatte. Sie wussten nicht, dass er schwer erkrankt gewesen war und ohnehin gestorben wäre. Und dass er die Schmerzen nicht mehr ertragen hatte.

Im thüringischen Eichfeld, dieser bewaldeten Hügellandschaft im Herzen Europas, in diesem um das Jahr 1200 herum fest im Glauben an Gott verankertem Gebiet waren Selbstmörder Sünder.
Magdalena hatte von Heinrichs Schmerzen gewusst. Hatte es ertragen, wenn sich nachts im Schlaf seine Hand in ihren Leib krallte, wenn er sich im Griff der Krankheit krümmte. Hatte um Linderung für ihren Mann zu Gott, zur Jungfrau Maria und zu allen Heiligen der Kirche, die sie kannte, gebetet.
Ohne Erfolg.
Mehr und mehr war ihr Mann verfallen. Hatte den Kampf gegen die Krankheit verloren.
Der Pfarrer hatte von einer Strafe Gottes für den Schmied gesprochen. Für unzüchtige Gedanken, Völlerei an Fastentagen. Vielleicht sogar für Ehebruch, hatte er bei einem seiner häufigen Besuche am Krankenbett des Schmieds bemerkt. Seine ständigen Seitenblicke auf die junge, hübsche Magd des Hauses, deren schweren Brüste jedes Mieder zu sprengen drohten, verrieten, dass er dieser Art von Sünde offenbar selbst nicht abgeneigt gewesen wäre.
Am Grabe hatte er dann nur noch von einer Prüfung für die Familie des Schmieds gesprochen. Zuvor hatte dessen Bruder den Kirchenmann besucht und ihm zu verstehen gegeben, dass Heinrich einer der frömmsten Männer des Dorfes gewesen war - und dass man im Hause des Schmieds durchaus die Blicke des Pfarrers bemerkt hatte, die der Magd gegolten hatten.

Eine Sünde blieb der Selbstmord dennoch. Und das wiederum machte nun der Pfarrer in seiner Grabrede unmissverständlich deutlich.
„Wer sich selbst das Leben nimmt, das der Herr uns gegeben hat, vergeht sich an der Schöpfung. Er ist nicht besser als ein Mörder."
Unerbittlich hieb der Geistliche mit seinen Worten auf die Trauernden ein.
Doch auch seine Anklage endete schließlich.
Grußlos, so, als hätten Magdalena oder ihre Kinder die Hand des Schmieds während seiner Selbsttötung geführt, verließ der Pfarrer den Friedhof. Die wenigen Männer, die gekommen waren, schlossen sich ihm an. Und irgendwann schlichen auch die Witwe und ihre Halbwaisen zurück zum Haus der Familie.

„Magdalena."
Es war nur ein Flüstern. Als würde der Wind ihren Namen durch die Zweige der Bäume wispern, wie einen Liebesschwur an eine junge Braut. Doch Magdalena hörte mit Grauen ihren Namen. Dieser Liebesschwur verhieß kein ewiges Glück.
„Magdalena."
Etwas näher diesmal, doch noch ebenso fern, ebenso unwirklich.
Sie zog die Bettdecke höher und warf einen Blick auf das Fenster. Es war geöffnet, sie hatte am Abend vergessen, es zu schließen. Magdalena erschauderte. Der Stimme - und dem, was hinter dieser Stimme steckte -, war damit der Weg in ihr Zimmer bereitet.

Die Witwe wusste, wer ihren Namen geflüstert hatte. Und sie hatte kein Verlangen danach, zu antworten.
Eine Bohle des Fußbodens knarrte, und das Mondlicht riss den Schatten einer Gestalt aus dem Dunkel, die langsam durch das Zimmer hindurch auf das Bett zukam.
Heinrich war aus seinem Grab auferstanden.
Und er war gekommen, seine Familie nachzuholen in die feuchte Dunkelheit seiner letzten Ruhestätte.
Die Seele und das Blut seiner geliebten Frau wollte er zuerst. Mit ihr an seiner Seite würden ihm die Kinder nur umso williger folgen.
Das Knarren der Holzbohle und der Anblick des Verstorbenen hatten Magdalena in Schockstarre versetzt. Erst, als das Holz erneut unter der Last des schweren, toten Männerkörpers ächzte, kehrte sie ins Bewusstsein zurück.
„Was willst du?“, wimmerte sie ihm entgegen, obwohl sie die Antwort bereits kannte.
Selbstmörder, Mörder und Gotteslästerer kamen oft als Vampire wieder, als Nachzehrer. Und dieser Nachzehrer wollte sie. Und ihre Kinder.
„Magdalena.“
Hätte sie den Toten nicht gesehen, hätte sie geglaubt, er würde sie aus seinem Grab heraus rufen.
Gegen Heinrich konnte nur ein Geistlicher etwas unternehmen.
Die Witwe fasste all ihren Mut zusammen. Sie wusste, dass sie nur überleben konnte, wenn sie schnell war. Entschlossen.

Sie sprang aus dem Bett und rannte zur Zimmertür, riss die Tür auf und lief in die Küche, die direkt an ihr Schlafzimmer angrenzte und in der auch die Haustür war. Instinktiv griff sie nach ihrem Mantel, der neben der Tür an einem Nagel hing. Im Nachthemd konnte sie schlecht dem Pfarrer unter die Augen treten, auch nicht in solch einem Notfall.
Mit Schwung öffnete sie die Haustür - und lief ihrem Schwager direkt in die Arme. Mit Entsetzen blickte sie in seine untoten Augen. Ihn hatte sich ihr Mann bereits geholt. Ihr letzter Gedanke galt den Kindern, die sie vorsorglich in die Obhut des Priesters gegeben hatte.
Sie hoffte, dass er die Kleinen schützen konnte.

Venezianische Pest

Venedig, im Jahre des Herrn 1576.
Die Menschen starben.
Die Pest, der schwarze Tod, raffte sie hinfort. Kein Krieg konnte gnadenloser sein als dieses Strafgericht Gottes. Überall auf den Straßen wandelten trauernde Menschen in langen, schwarzen Gewändern umher, deren Säume über den Boden schleiften.
Kinder zerrten ihre verstorbenen Eltern vor die Türen und entkleideten sie auf offener Straße, damit die Ärzte sie untersuchen konnten, begleitet von den Gebeten der Angehörigen, dass nicht die Pest die Todesursache sein möge. Die Gebete wurden nur selten erhört.
Auf den Kanälen schienen ungezählte schwarze Barken unterwegs zu sein, mehr als 1000 hatte der Stadtrat in diesem Sommer gekauft. Geführt wurden sie von Männern mit ernsten Minen und Totenglöckchen an den Armen - wenn ausreichend gesunde Männer für diese Arbeit bereitstanden. Es waren Trauerbarken, welche die mit weißen Tüchern bedeckten Leichen der Pesttoten zu den kleinen Inseln in der Lagune brachten.
Vor allem zur Quarantäne-Insel Lazzaretto Nuovo. Dort fanden in den Massengräbern zahllose Venezianer ihre letzte Ruhestätte. Der schwarze Tod holte sich in den Jahren 1575 bis 1577 rund ein Drittel der 160.000 Einwohner der Lagunenstadt.
Eine der Toten war Julia Miaggore.

„Ich nehme etwas von dem Brot, einen der Fische und ein paar Rüben."
Julia zeigte auf den Korb mit den Knollen.
Noch vor einem Jahr hätte sie für den Preis, den der Händler von ihr verlangte, fürstlich speisen können. Doch seit die Pest wütete, waren die Lebensmittel immer teurer geworden, denn überall im Lande fehlten die Bauern, um die Ernte einzubringen. Sie lagen jetzt unter der Erde, statt diese zu bearbeiten. Viele Menschen hungerten und waren völlig entkräftet, wenn die Pest zu ihnen kam.
„Danke."
Mit leichtem Ekel legte sie die geforderten Münzen in die schmutzige Hand des Mannes. Ihr Dank wurde nicht erwidert, ebenso wenig wie ihr Abschiedsgruß. Dafür musste sie die lüsternen Blicke des Händlers über sich ergehen lassen.
Lüsterne Blicke war sie gewohnt. Ihre langen Haare versteckte sie zwar unter einer Haube. Und auch ihren schlanken Körper mit den vollen Brüsten versuchte sie so gut wie möglich unter ihrer Kleidung vor den Blicken der Männer zu schützen.
Doch ihr Gesicht, die tiefen braunen Augen, die hohen Wangenknochen und der sinnliche Mund, ihre ganze Erscheinung zog überall die Aufmerksamkeit der Männer auf sich. Sogar in der Kirche. Die hatte sie allerdings schon länger nicht mehr besucht. Seit die Pest ausgebrochen war, mied Julia die Gottesdienste - wenn diese überhaupt stattfanden.

Doch seit der schwarze Tod die Stadt fest im Griff hatte, waren zu den lüsternen Blicken noch andere dazugekommen.
Ablehnende, zum Teil angstvolle Blicke. Gefährliche, Unheil verkündende Blicke.
Denn während die Stadt, die Menschen darin dahin siechten, war Julia noch immer schön. Viele Menschen hatten Trauerkleidung angelegt, während Julia nach wie vor ihre farbenfrohen Kleider trug, wenn sie auf der Suche nach Lebensmitteln durch die Stadt zog.
Dabei hatte die Krankheit ihre Klauen bereits auch nach ihr ausgestreckt. Es war ihr nur noch nicht anzusehen.
Am Morgen hatte sie das erste Mal Blut gehustet. Fieber und Schüttelfrost trug sie bereits seit zwei Tagen mit sich herum. Ebenso wie die schwarz-bläulichen Verfärbungen unter den Armen. Und wahrscheinlich noch an anderen Stellen, die sie selbst nicht sehen konnte. Das Mal, wie es die Menschen nannten.
Dieser letzte Einkauf sollte den Hunger stillen, bis sie dem schwarzen Tod entkommen sein wollte. Doch da machte sich Julia insgeheim nur wenig Hoffnung. Von niemanden hatte sie bisher gehört, der erkrankt und wieder genesen war. Dass ausgerechnet sie verschont werden sollte, daran glaubte sie einfach nicht.
Das Essen musste also wohl eher reichen, bis der schwarze Tod sie holte.

Als Julia ihre Haustür öffnete, fielen zwei Männer über sie her, packten sie an den Armen, schleiften sie ins Haus und stießen die Tür zu.
„Los!“
Lorenzo hielt die Frau an den Armen fest, während Massimo ihr einen Dolch in den Unterleib stieß. Alles ging so schnell, dass Julia keine Chance hatte, sich zu wehren. Sie starb mit überraschtem Blick in ihren Augen. Sackte blutend in Lorenzos Griff zusammen.
„Wir müssen uns beeilen.“
Massimo nickte. Er war nur der Helfer. Lorenzo dagegen wusste, was zu tun war. Der Plan stammte von ihm.
Der Plan, Julia zu töten.
Diese schöne Frau, die sie verantwortlich machten für das Unheil, das in der Stadt wütete. Diese Hexe, wohl schlimmer noch, diese Vampirin, die in den Augen der Männer den Tod ihrer Familien herbeigeführt hatte.
Die verfärbten, blutigen Stellen an den Körpern ihrer Frauen und Kinder und Eltern waren Folgen eines Angriffs durch Julia, hatte Lorenzo seinem Freund erklärt.
„Julia und ihre Gefährten haben diesen Tod nach Venedig gebracht“, hatte Lorenzo gesagt, als Massimo Zweifel an dessen Plan geäußert hatte.
Da hatte er nur noch genickt. Auch Massimo glaubte wie viele andere Venezianer daran, dass Vampire für die Seuche verantwortlich waren, dass diese Untoten

ihre Opfer infizierten, während sie selbst sich satt tranken an ihrem Blut.
Jetzt lag Julia auf dem Boden vor ihnen. Tot. Von ihm erstochen.
Lorenzo begann damit, die Frau zu entkleiden.
„Wir müssen uns an den Plan halten. Wenn wir jetzt zögern oder einen Fehler machen, werden wir wegen Mordes hingerichtet."
Gemeinsam zogen sie Julia aus. Massimo entgingen die gierigen Blicke seines Freundes nicht. Er wusste, dass dieser schon lange davon träumte, einmal Julias Körper zu sehen, ihn zu berühren.
Was er nicht wusste war, dass Lorenzo Julia eines abends bedrängt hatte. Und sie ihn hatte anzeigen wollen.
Auch Massimo war erregt. Er hatte einen Menschen getötet, zum ersten Mal in seinem Leben. Und nicht nur irgendeinen Menschen, sondern eine schöne Frau, die auch er begehrt hatte. Und die er nun entkleidete.
Massimos Hand zuckte zurück, als sie das erste Mal die Haut der Toten berührte. Doch sie fühlte sich noch warm an. Zart.
Verstohlen streichelte er Julias toten Körper. Streifte wie zufällig ihre Brüste, ihre Beine mit seinen Fingern.
Nackt lag Julia schließlich vor ihnen.
Blutverschmiert mit einer tiefen Wunde im Bauch, doch immer noch schön.
Massimo versuchte, nicht auf die Wunde zu sehen. Lorenzo dagegen warf immer wieder einen Blick

darauf, und auch auf das dunkle Vlies zwischen Julias Beinen.
Es war Massimo, der sich als erster fing.
„Sie hat das Mal."
Er deutete auf die schwarz-bläulichen Verfärbungen unter ihren Armen.
Lorenzo nickte.
„Ja. Das ist gut. Niemand wird sie weiter untersuchen, wenn sie das Mal hat."
Aus dem Beutel, den sie mitgebracht hatten, holte er ein Leichentuch heraus.
Massimo schüttelte den Kopf.
„Aber wenn sie selbst das Mal hat, dann kann sie nicht die Vampirin sein, die unsere Familien getötet hat. Wir haben eine Unschuldige ermordet."
„Natürlich ist sie die Vampirin. Aber sie wurde erst kurz vorher selbst von einem anderen Vampir oder einer anderen Vampirin angegriffen, bevor sie sich an unseren Familien verging. Daher hat sie selbst das Mal, aus der Zeit, bevor sie sich verwandelt hat."
Lorenzo begann, Julia in das Leichentuch einzuwickeln, nachdem er ihre Wunde mit mehreren Kleidungsstücken verdeckt hatte, um so die Blutung zu stoppen.
„Los, fass mit an", schimpfte er verärgert.
Massimo tat, wie ihm geheißen. Er hatte keine andere Wahl. Er hatte Julia erstochen. Jetzt musste er den Plan gemeinsam mit Lorenzo beenden. Sonst würde er am Galgen landen.
Gemeinsam schleppten sie die Tote aus dem Haus, zu einem der Leichenkarren, die ständig in den Gassen

unterwegs waren. Ein Schreiber des Stadtrates, der den Karren begleitete, hielt sie an.
„Wen habt ihr dort?“
„Julia dal Farra. Auch sie trägt das Mal. Ihr könnt es an den Armen sehen.“
Lorenzo verlagerte das Gewicht des Körpers in seinen Händen ein wenig und schlug mit einer Hand das Leichentuch zur Seite.
„Seht, hier.“
Der Schreiber warf einen kurzen Blick auf das Mal und einen etwas längeren auf Julias schönes Gesicht und ihre vollen Brüste.
„Eine Schande, was dieses Unheil mit uns macht. Niemand wird verschont“, jammerte Lorenzo.
Er spielte seine Rolle perfekt.
„Ja. Legt sie auf den Karren.“
Der Mann notierte den Namen in einem kleinen Büchlein, während Lorenzo und Massimo die Tote auf den Karren wuchteten. Mit einem Aschestift malte der Mann einen dicken Balken auf die Tür des Hauses, in dem Julia gelebt hatte. Das Pestzeichen. Dann winkte er dem Kutscher, ihm weiter zu folgen. Es warteten noch mehr Tote darauf, aus der Stadt gebracht zu werden.
Lorenzo und Massimo blickten dem Wagen mit ihrem Opfer noch lange nach. Dass sie schon bald ebenso auf einem Wagen zu den Totenbarken fahren sollten, ahnten sie in diesem Moment noch nicht. Doch die Pest hatte sich bereits in ihren Körpern festgesetzt.

Alfredo fluchte.
Er gehörte zu den Dieben und Betrügern, die der Stadtrat dazu verurteilt hatte, die fünf Fuß tiefen Massengräber der Pest, die vor 54 Jahren in Venedig gewütetet hatte, wieder zu öffnen.
Denn jetzt, im Jahre des Herrn 1630, hatte der schwarze Tod die Lagunenstadt erneut fest im Griff. Hatte sich erneut Tausende Leben geholt. Und der Platz in den Massengräbern von damals wurde jetzt erneut benötigt.
Die Arbeit war schwer. Und grauenvoll. Seit er vor ein paar Tagen gemeinsam mit einigen anderen Männern das erste Grab geöffnet hatte, schlief er kaum noch. Der Anblick der zahllosen Knochen, der Fetzen der Leichentücher hatte ihm zugesetzt. Der Anblick der vielen traurigen, hoffnungslosen Schicksale hatte ihm den Schlaf geraubt und dafür Träume geschickt von wandelnden Pesttoten. Träume, die ihn viel zu oft jede Nacht weckten seither.
Der fehlende Schlaf machte sich bemerkbar. Und der schwarze Tod, der nun mit seinen gierigen Fingern auch nach Alfredo gegriffen hatte. Am Morgen hatte er das Mal bei sich entdeckt.
Resigniert stieß er die Schaufel erneut in das Erdreich. Warf wenig schwungvoll Erde, kleine Steinchen, ein Stück Knochen hinter sich.
„Halt, das reicht. Wenn wir tiefer graben, graben wir die Toten wieder aus."
Luigi, der Vorarbeiter, beendete die Arbeit der Gruppe mit einer Handbewegung.

„Seht nur.“
Alle schauten zu Alfredo, der mit bleichem Gesicht in die Grube starrte und auf eine der Toten zeigte. Die Blicke der Männer folgten seiner Geste.
Eine Frau. Daran gab es keinen Zweifel, denn ihr Fleisch war nicht von den Knochen gefallen wie bei den anderen Toten der letzten Pestwelle. Ihr Fleisch, ihr Körper war aufgedunsen. Das Leichentuch war verrutscht und hatte die prallen Brüste freigelegt, die jeden Moment zu platzen schienen. In ihrem aufgewölbten Bauch klaffte eine tiefe Wunde. Ihre Haut hatte sich schwarz verfärbt.
So sah keine Frau aus, die mehr als 50 Jahre lang in einem Grab gelegen hatte.
Das Gesicht der Toten wurde noch immer vom Leichentuch bedeckt, von schmutzigem, fleckigem Stoff. Nur dort, wo ihr Mund war, fehlte ein Stück des Tuches. Es schien herausgerissen, von Zähnen oder Fingernägeln zerfetzt.
Statt des Leichentuchs sahen die Männer dort ein schwarzes Loch, an dessen Rändern Blut zu kleben schien. Die Zähne der Toten blitzten ihnen aus der Dunkelheit der Mundhöhle entgegen.
„Vampir.“
Alfredos Stimme war nur ein Flüstern. Er sprach aus, was die anderen Männer dachten.
„Wir müssen etwas tun.“

Luigi, der Vorarbeiter, hatte seinen Posten nicht umsonst. Seine Aufgabe war es, Probleme zu beseitigen, wenn es welche gab, und dafür zu sorgen, dass die Arbeiten nicht stockten. Und genau das wollte er jetzt tun. Umso mehr, weil er ebenfalls an Vampire glaubte und seine Angst vor seinen Männern verstecken wollte, indem er handelte.

„Eine Vampirin also. Alfredo, hol einen Stein, der in ihren Mund passt. Giacomo, du suchst einen Holzpflock."

Luigi nahm die Kette mit dem kleinen Holzkreuz von seinem Hals, sprang in die Totengrube und legte der Leiche das Kreuz auf die Stirn. Inzwischen waren Alfredo und Giacomo mit dem Stein und dem Holzpflock am Rand des Massengrabes erschienen.

Giacomo wusste, was von ihm erwartet wurde – er hatte den Pflock mit seinem Messer ein wenig angespitzt.

Luigi nahm beides in Empfang und rammte der Toten den Holzpflock in die Brust. Dann klemmte er ihr den Stein zwischen die Zähne, damit sie niemanden mehr beißen konnte und verhungern musste.

Mit Hilfe seiner Männer kletterte er aus der Grube.

„Lasst sie uns zuschütten."

Die Männer griffen stumm zu ihren Schaufeln.

Anmerkung: Venedig wurde zwischen 1348 und 1630 - also im Laufe von weniger als 300 Jahren - mehr als 20 Mal von der Pest heimgesucht. Besonders schwere Pestepidemien trafen die Stadt 1348, 1575 und 1630. Bis zu einem Drittel der Bewohner starben jeweils. Die Pestwelle von 1630 war zugleich auch die letzte, die in der Lagunenstadt auftrat - obwohl die Pest in ganz Europa noch in den folgenden Jahrzehnten weiterwütete.

Die vor allem von Rattenflöhen übertragene Krankheit sucht die Menschen seit der Antike heim - manche Forscher sagen, seit der Steinzeit - und ist nach wie vor nicht ausgerottet. Auch im 21. Jahrhundert gab es bereits Ausbrüche, beispielsweise in China, in der Mongolei, in Indien und Madagaskar.

Cihuateteos

Sie schrie.
Die Wehen schienen sie fast zu zerreißen. Das Kind wollte heraus, wollte in diese Welt kommen, doch etwas schien es zurückzuhalten.
Chipahua schrie erneut.
Sie wölbte den Oberkörper der Sonne entgegen, die irgendwo über dem Dach des Hauses vom Himmel brannte, presste ihren Hinterkopf auf den Boden und stemmte die Füße gegen die Steinmauer des Gebäudes. Keuchte. Weinte. Stöhnte. Schrie.
Hob den Kopf und blickte auf ihren Bauch, der die Form einer übergroßen Melone hatte und sich anfühlte, als würde er gleich platzen.
Wieder eine Wehe.
Eztli, der Medizinmann ihres Volkes, tanzte leise murmelnd neben ihr von einem Fuß auf den anderen, zog an seiner mit Federn geschmückten Pfeife und blies etwas Rauch in die vier Himmelsrichtungen, zur Sonne und in Chipahuas Gesicht.
Es roch nach würzigen Kräutern, nach Hölzern. Der Geruch erlesener Gewürze mischte sich in das Aroma, welches dieser Tag trug.
Chipahua wusste, sie würde diese Geburt nicht überleben.
Wieder eine Wehe, die ihren Körper fast zerriss.

Der Boden zwischen ihren Beinen färbte sich rot von ihrem Blut.
„Es kommt."
Citlalic, ihre Mutter, griff beherzt zu, als der Kopf des Babys erschien. Sie hatte schon viele Kinder zur Welt gebracht, sie würde auch diesem in sein neues Dasein verhelfen.
Chipahua keuchte. Wieder wölbte sie den Oberkörper von Schmerzen getrieben nach oben. Sie sah die Schweißperlen zwischen ihren Brüsten, folgte den Bahnen, welche die Tropfen auf ihrem Körper zogen. Stierte auf die gelbe Farbe, mit welcher ihre Mutter und die anderen Frauen sie bemalt hatten. Zu Ehren der Sonne, zu Ehren des neuen Lebens.
Sie wusste, dass sie selbst ihr junges Leben dafür würde geben müssen, dass die Götter dieses neue Leben schenkten.
Siebzehn Sommer erst hatte sie gezählt, als Yaotl sie auf einem Feld gesehen hatte. Der stolze Krieger hatte keine Zeit verloren und ihre Eltern noch am gleichen Tag um die Erlaubnis gebeten, sie zur Frau nehmen zu dürfen. Noch in der Hochzeitsnacht war sie schwanger geworden.
Sie war glücklich gewesen.
Doch jetzt hatte sie Todesangst.
Denn etwas stimmte nicht. Das hatte sie an den Gesichtern ihrer Mutter und der anderen Frauen, an den sorgenvollen Blicken ihres Vaters und ihres

Ehemannes gesehen. Wusste es, seit der Medizinmann seine Rituale begonnen hatte.
Denn sie waren anders.
Chipahua war dabei gewesen, als ihre ältere Schwester ihren Sohn zur Welt gebracht hatte. Hatte zwei oder drei Geburten anderer Frauen erlebt, bei denen sie geholfen hatte.
Sie kannte die Rituale der Geburt. Wusste, wie ein neues Leben begrüßt wurde.
Diese Rituale hier bei der Geburt ihres Kindes waren anders. Einige begrüßten das neue Leben. Doch da waren auch die anderen Dinge.
Das Trampeln, um die bösen Geister zu vertreiben. Dieser seltsame Singsang des Medizinmannes, den Chipahua bei den anderen Geburten nicht gehört hatte. Die kostbaren Federn seltener Vögel, die an seinen Stab gebunden waren und die Rauchschwaden im Raum verteilten.
Sie schrie wieder, als sich die Schultern des Babys durch den Muttermund drückten.
Ihr war kalt, gleichzeitig schwitzte sie.
Ihre Mutter schickte ein Gebet zu den Göttern und löste mit flinken Händen die Nabelschnur, die sich um den Hals des Kindes gelegt hatte.
Chipahua bemerkte davon nichts.
Sie war erschöpft in sich zusammengefallen. Fieberte. Dämmerte vor sich hin.

Bilder aus ihrem kurzen Leben zogen vor ihrem geistigen Auge vorbei. Bilder von guten Momenten, die sie mit in die Welt, in die sie nun gehen sollte, mitnehmen würde.
Mit einem letzten Seufzer starb Chipahua, als ihre Mutter das Baby endgültig aus dem Leib ihrer Tochter zog.
Den ersten Schrei ihres Kindes hörte die junge Frau nicht mehr.
„Du sollst Necahual, die Überlebende, heißen“, sagte Citlalic zu dem kleinen Mädchen, das sie liebevoll im Arm wiegte.
Es atmete schwer, um seinen Hals hingen noch die Reste der Nabelschnur, die es im Mutterleib fast erwürgt hatte.
Weinend stand Citlalic auf und nahm ihr Enkelkind mit nach draußen, um es seinem Vater und den anderen Mitgliedern der Familie zu zeigen - und der Sonne sowie den Göttern, die ihrem Volk dieses Geschenk gemacht hatten.
„Chipahua?“
Yaotl sah sie fragend an.
Citlalic schüttelte traurig den Kopf.
„Sie hat das größte Opfer gebracht. Doch Necahual wird leben.“
Sie hob das schreiende Neugeborene der Sonne entgegen.

Die Menschen um sie herum sangen leise und beteten. Sie dankten den Göttern für das neue Leben. Und sie baten darum, dass die Götter das Leben - Chipahuas Leben -, welches sie ihrem Volk genommen hatten, gut aufnahmen.
Als Citlalic einen Blick auf Yaotl warf, schien ihr Blut zu gefrieren. Der junge Krieger hatte die Augen verdreht, sein Körper zuckte. Er hob den rechten Arm und zeigte auf das Haus, in dem seine Frau gelegen hatte.
Chipahua stand vor der Tür.
Ihr gelb bemalter, nackter Oberkörper glänzte schweißgebadet in der Sonne. Ihre Hände hatten sich in Krallen verwandelt, die gekrümmt nach den Menschen vor ihr zu greifen schienen. Ihre Beine waren mit dem Blut der Geburt verschmiert. Wirr hingen ihr Haarsträhnen ins Gesicht. Speichelfäden liefen der jungen Frau aus den Mundwinkeln.
In ihren Augen loderten Feuer.
„Chipahua!"
Ihre Schwester sprach sie an. Doch Chipahua zeigte keine Reaktion. Sie beachtete die Menschen um sich herum überhaupt nicht. Auch für ihr Kind hatte sie keinen Blick übrig.
Mit abgehackten Bewegungen ging sie auf eines der Nachbarhäuser zu.
„Ahuic und Ilhicamina..."
Ihr Vater flüsterte die Namen.

Dann, lauter: „Sie will zu Ahuic und Ilhicamina. Auch ihr Kind wird heute geboren. Sie will es stehlen. Chipahua ist eine Cihuateteos geworden.“
Cihuateteos.
Eine während der Geburt gestorbene Mutter auf der Suche nach anderen Kindern, um deren Blut zu trinken.
Cihuateteos.
Das Wort riss Yaotl aus seiner Starre.
Schaudernd wandte er den Blick von seiner untoten Frau ab, drehte sich um und lief in eines der umliegenden Gebäude. Es war das Haus seiner Eltern. Mit einem Speer in der Hand kam der Krieger wieder heraus. Rannte schwitzend und zu den Göttern seines Volkes betend die Steingasse entlang, die zu dem Haus von Ahuic und Ilhicamina führte - in welchem Chipahua inzwischen verschwunden war.
Das Haus, aus dem nun der gellende Schrei Ahuics drang. Und das zornige Brüllen ihres Mannes Ilhicamina.
Einen Augenblick lang zögerte Yaotl. Fasste den Speer in seinen verschwitzten Händen fester. Warf einen Blick zu Chipahuas Mutter.
Sie nickte leicht, fast unmerklich. In ihren Augen sah Yaotl Tränen. Und auch er weinte.
Da trat Chipahua vor die Tür. In ihren Klauen hielt sie das Neugeborene.
Diesmal zögerte Yaotl nicht. Mit aller Kraft stieß er seiner Frau den Speer in die Brust.

„Ich liebe dich, Chipahua“, flüsterte er, als er ihr das Kind aus den Armen nahm und es zurück ins Haus trug. Dort wartete er, bis die Priester den toten Körper seiner Frau zum Tempel gebracht hatten, um ihn den Flammen zu übergeben und so den Göttern zu opfern.

Anmerkung: Die aztekischen Cihuateteos sind keine klassischen, untoten Vampirwesen, wie wir sie aus den westlich geprägten Geschichten der Popkultur aus Hollywood oder aus den volkstümlichen Überliefer-ungen aus Europa kennen. Bei ihnen handelt es sich der aztekischen Mythologie nach um Frauen, die während der Geburt ihres ersten Kindes sterben. Sie genießen hohes Ansehen im Volk, da sie ihr Leben verlieren, um ein neues Leben zu geben. Der Mythologie nach begleiten sie tagsüber die Sonne und kommen nachts auf die Erde, um Kinder zu rauben und deren Blut zu trinken.

The Making of „Durstig“

Im Jahr 2005 entstand „Blutrose“, die Geschichte über einen liebenden Vampirfürsten. Eigentlich war dieser Text, neben „Angeliques Abschied“, „Überraschender Besuch“ und „Ein besonderer Morgen“, für eine Sammlung unterschiedlichster Horrorgeschichten geplant, die auch den Titel „Blutrose“ tragen sollte. Doch die Sammlung wurde schnell recht umfangreich und es kamen weitere Ideen für Vampirgeschichten dazu, so dass ich bald die Entscheidung traf, den Blutsaugern, die ich von allen Untoten am meisten mag, einen eigenen Titel zu widmen.

So entstanden beispielsweise schon kurz darauf die Geschichten „Die Eiserne Jungfrau“ und „Nachtjagd“. Andere Ideen brauchten etwas länger, um sich zu einer vollständigen Geschichte zu entwickeln, so wie „Kuss“, „Erwachen“, „Für eine Handvoll Münzen“, „Die Blutprobe“, „Der Mönch mit der Axt“ oder „Venezianische Pest“ - alles Texte in der Tradition klassischer oder von Hollywood beeinflusster Horrorgeschichten.

Bei meinen Nachforschungen zu Vampiren stieß ich schnell auch auf Legenden aus Europa, Afrika, Asien, Süd- und Nordamerika. Ausflüge in die Vampir-Mythologien der Völker dieser Welt runden daher die Sammlung ab. Denn diese oft dem breiten Publikum eher unbekannten alten Erzählungen faszinierten mich

nicht zuletzt deshalb, weil sie oft tief in der Kultur der jeweiligen Völker verwurzelt waren – und weil sie authentischer sind als eine Geschichte über einen „erfundenen" Vampir.
„Penanggalan" (Malaysia), „Baobhan Sith" (Schottland), „Nachzehrer" (Deutschland) und „Cihuateteos" (Mittelamerika) zeigen, dass Vampire nicht erst seit Graf Dracula existieren oder gar eine Erfindung von Bram Stoker sind, und dass sie außer in Transsylvanien und Hollywood überall auf diesem Planeten zu finden sind. Von ihnen gibt es noch viele mehr – und vielleicht werden einige von ihnen in einer späteren Sammlung ebenfalls zu neuem „Leben" erweckt.
Die Fürsten und Fürstinnen der Nacht tauchen in den vorliegenden 15 Erzählungen der Sammlung „Durstig" als untote Monster und blutgierige Jäger auf, aber auch als liebende Kreaturen, als einsame Wanderer durch die Jahrhunderte.
Ich hoffe, Sie, meine lieben Leserinnen und Leser, haben es genossen, diese Kreaturen bei ihrer Jagd oder ihrer Wanderung zu begleiten. Und vielleicht haben Sie sich ja den wichtigsten Ratschlag aus allen Geschichten zu Herzen genommen: Lassen Sie sich nicht beißen!

Ihr
Balthasar Graf Brucegi